崇文国学经典

古文观止

徐薇　译注

微信/抖音扫码查看
☑ 国学大讲堂
☑ 经典名句摘抄
☑ 国学精粹解读

图书在版编目（CIP）数据

古文观止 / 徐薇译注. —— 武汉：崇文书局，2023.4
（崇文国学经典）
ISBN 978-7-5403-7228-6

Ⅰ. ①古… Ⅱ. ①徐… Ⅲ. ①《古文观止》—译文 ②《古文观止》—注释 Ⅳ. ①H194.1

中国国家版本馆 CIP 数据核字（2023）第 054209 号

出 品 人	韩　敏
丛书统筹	李慧娟
责任编辑	程可嘉
责任校对	董　颖
装帧设计	甘淑媛
责任印制	李佳超

古文观止
GUWEN GUAN ZHI

出版发行	长江出版传媒　崇文书局
地　　址	武汉市雄楚大街 268 号 C 座 11 层
电　　话	(027)87677133　邮政编码　430070
印　　刷	湖北恒泰印务有限公司
开　　本	880 mm×1230 mm　1/32
印　　张	9.375
字　　数	229 千
版　　次	2023 年 4 月第 1 版
印　　次	2023 年 4 月第 1 次印刷
定　　价	45.00 元

（如发现印装质量问题，影响阅读，由本社负责调换）

本作品之出版权（含电子版权）、发行权、改编权、翻译权等著作权以及本作品装帧设计的著作权均受我国著作权法及有关国际版权公约保护。任何非经我社许可的仿制、改编、转载、印刷、销售、传播之行为，我社将追究其法律责任。

总　序

　　现代意义的"国学"概念,是在19世纪西学东渐的背景下,为了保存和弘扬中国优秀传统文化而提出来的。1935年,王缁尘在世界书局出版了《国学讲话》一书,第3页有这样一段说明:"庚子义和团一役以后,西洋势力益膨胀于中国,士人之研究西学者日益众,翻译西书者亦日益多,而哲学、伦理、政治诸说,皆异于旧有之学术。于是概称此种书籍曰'新学',而称固有之学术曰'旧学'矣。另一方面,不屑以旧学之名称我固有之学术,于是有发行杂志,名之曰《国粹学报》,以与西来之学术相抗。'国粹'之名随之而起。继则有识之士,以为中国固有之学术,未必尽为精粹也,于是将'保存国粹'之称,改为'整理国故',研究此项学术者称为'国故学'……"从"旧学"到"国故学",再到"国学",名称的改变意味着褒贬的不同,反映出身处内忧外患之中的近代诸多有识之士对中国优秀传统文化失落的忧思和希望民族振兴的宏大志愿。

　　从学术的角度看,国学的文献载体是经、史、子、集。崇文书局的这一套国学经典,就是从传统的经、史、子、集中精选出来的。属于经部的,如《诗经》《论语》《孟子》《周易》《大学》《中庸》《左传》;属于史部的,如《史记》《三国志》《资治通鉴》《徐霞客游记》;属于子部的,如《道德经》《庄子》《孙子兵法》《山海经》《黄帝内经》《世说新语》《茶经》《容斋随笔》;属于集部的,如《楚辞》《古诗十九首》《古文观止》。这套书内容丰富,而分量适中。一个希望对中国优秀传统文化有所了解的人,读了这些书,一般说来,犯常识性错误的可能性就很小了。

崇文书局之所以出版这套国学经典,不只是为了普及国学常识,更重要的目的是,希望有助于国民素质的提高。在国学教育中,有一种倾向需要警惕,即把中国优秀的传统文化"博物馆化"。"博物馆化"是20世纪中叶美国学者列文森在《儒教中国及其现代命运》中提出的一个术语。列文森认为,中国传统文化在很多方面已经被博物馆化了。虽然中国传统的经典依然有人阅读,但这已不属于他们了。"不属于他们"的意思是说,这些东西没有生命力,在社会上没有起到提升我们生活品格的作用。很多人阅读古代经典,就像参观埃及文物一样。考古发掘出来的珍贵文物,和我们的生命没有多大的关系,和我们的生活没有多大关系,这就叫作博物馆化。"博物馆化"的国学经典是没有现实生命力的。要让国学经典恢复生命力,有效的方法是使之成为生活的一部分。崇文书局之所以坚持经典普及的出版思路,深意在此,期待读者在阅读这些经典时,努力用经典来指导自己的内外生活,努力做一个有高尚的人格境界的人。

国学经典的普及,既是当下国民教育的需要,也是中华民族健康发展的需要。章太炎曾指出,了解本民族文化的过程就是一个接受爱国主义教育的过程:"仆以为民族主义如稼穑然,要以史籍所载人物制度、地理风俗之类为之灌溉,则蔚然以兴矣。不然,徒知主义之可贵,而不知民族之可爱,吾恐其渐就萎黄也。"(《答铁铮》)优秀的传统文化中,那些与维护民族的生存、发展和社会进步密切相关的思想、感情,构成了一个民族的核心价值观。我们经常表彰"中国的脊梁",一个毋庸置疑的事实是,近代以前,"中国的脊梁"都是在传统的国学经典的熏陶下成长起来的。所以,读崇文书局的这一套国学经典普及读本,虽然不必正襟危坐,也不必总是花大块的时间,更不必像备考那样一字一句锱铢必较,但保持一种敬重的心态是完全必要的。

期待读者诸君喜欢这套书,期待读者诸君与这套书成为形影相随的朋友。

陈文新

(教育部长江学者特聘教授,武汉大学杰出教授)

崇 文 国 学 经 典

前　言

　　《古文观止》是一部流行至今已三百余年的古文选本,其文化品格有异于梁昭明太子所编之诗文总集《文选》。《文选》一书甫一问世即受到文人士大夫的追捧,至唐代李善、五臣之注风行海内,风光无限;传至宋代更有所谓"文选烂,秀才半"的谣谚,成了读书人常置座右的典籍,始终具有高踞于雅文化的品格。《古文观止》则流行于清代村塾市井、山野坊巷,其文化品格徘徊于雅俗之间而更偏向于俗,开始仅作为城郭乡里从事举业者的参考书,稍后才逐渐为文人士大夫瞩目。士大夫们却又闪烁其词,时时流露出不屑一顾的神态。乾隆年间修《四库全书》,《古文观止》险些成为祭品,在湖南一度遭禁。据雷梦辰《清代各省禁书汇考》:"乾隆四十六年十一月初七日奏准,湖南巡抚刘墉奏缴八十二种。"其中第六十种即《古文观止》,"山阴吴乘权、吴大职同辑。查集内有钱谦益,应销毁。计六本"。所幸此举并未波及全国,所以影响不大。然而此书于有清一代藏书家不收藏,目录家不著录,也是事实。清末张之洞撰《书目答问》,其

1

《略例》明言"此编为告语生童而设,非是著述",但于书中并没有为《古文观止》留下一席之地。《清史稿艺文志及补编》及近年所出王绍曾主编之《清史稿艺文志拾遗》皆未见著录,孙殿起《贩书偶记》《贩书偶记续编》竟也不见《古文观止》的踪影。《贩书偶记续编》卷十九著录《古文析观解》六卷:"清晋安林西仲、山阴吴楚材同评选,古越章懋勋参注。乾隆七年三余堂刊。"林西仲即林云铭,据《清史稿艺文志及补编》著录,他撰有《庄子因》六卷、《读庄子法》一卷、《楚辞灯》四卷、《挹奎楼文集》十二卷、《吴山鷇音》八卷、《春秋体注》三十卷。另据《清史稿艺文志拾遗》著录,林云铭另撰有《韩文起》十二卷、《古文析义》十六卷等。显然,章懋勋所参注之《古文析观解》系选辑林云铭《古文析义》与吴乘权等之《古文观止》而成,其书名"析观",已约略透露出其中款曲。《古文观止》以刊本大行于世,在民国年间又形成一个高潮,至今天,有关《古文观止》的各种"言文对照"本、新注本、精译本、鉴赏评注本等等,名目繁多,已不下数十家,与清人蘅塘退士的《唐诗三百首》一同风行海内,成为现代社会学习传统文化雅俗共赏的典籍。若欲明个中原因,须先从编撰者谈起。

一

《古文观止》的编者吴乘权,乾隆《绍兴府志》卷六十一《人物志·义行下》有传,谓其字楚材,山阴(今浙江绍兴)人,传首即誉称其"善论议,谈锋所直,纵横莫能当"。嘉庆《山阴县志》卷十五《乡贤三》亦录吴乘权小传,除上录十二字未录外,文字与《绍兴府志》略同。内云:

> 吴乘权,字楚材,年十六病痿,日阅古今书。数年疾愈,而学以此富。辑录《纲目》九十二卷、《明史》十二卷、《小学初筵》二

卷、周秦以来迄前明文十二卷。慷慨仗义,病垂殁,顾谓弟乘业曰:"吾宗党贫乏者若而人、母党若而人、朋友若而人,他日能自拔,必分润若辈,毋忘吾志。"乘业字子立,年三十余,奔走数千里,所得馆谷,半以周宗戚。尝曰:"待我有余而给之,则转沟壑者十八九矣。"年六十余,以疾归。既殁,启其箧,见一纸书某某名,皆乘权垂殁时所属者也。

吴乘权垂范乡里,并非因其多有编纂而入"艺文传",却以所谓"义行"而驰名远近,可见当时他的这三部书并不为人们所重视,至少没有引起足够的重视。吴乘权所编撰的三部书,全属通俗蒙学之作。所谓《纲目》《明史》,当谓其所编《纲鉴易知录》九十二卷、《明鉴易知录》十五卷(或曰《明纪》,府、县二志谓十二卷,误),属于简明扼要的编年史读物,亦颇流行于世。《小学初筵》迄未见流传,当是有关文字、训诂以及音韵方面的入门书。"周秦以来迄前明文十二卷"即指这部《古文观止》。史学、文字学与文章学俱备,可见编纂者蒙学之价值取向细致全面。

《纲鉴易知录》卷首有其自序,后署"康熙五十年秋七月十五日,山阴吴乘权楚材题于尺木堂",康熙五十年即公元1711年。从该序文中可知,这部书是吴乘权与其忘年小友周之炯(静专)、周之灿(星若)兄弟费时六年共同编撰的。序首有云:"少以足疾废,六经、诸子,无心涉猎,都邑山川,不一游览。"所谓足疾也者,当即府、县志所云"年十六病痿",又云"数年疾愈",小小年纪,当非脑血管疾病导致的偏瘫,也非外伤导致的伤残,而极有可能罹患病毒感染的脊髓灰质炎,以其多感染1—5岁之小儿,又名小儿麻痹症。此病极易侵损运动神经元,从而导致下肢肌肉瘫痪。无论"足疾",还是"病痿",不良于行,当限制了其个人发展。终其一生,吴乘权未曾进学,即连一个秀才也未考取,就是明证。这或许是他专心于编纂,努力实现其人生价值的一种无奈选择罢,然而这反而玉成了他的驰名后世,正所谓塞翁失马,安知非福。

有关吴乘权的传世资料无多,其伯父吴兴祚于康熙三十四年(1695)五月端阳日曾为《古文观止》作序,内云:"楚材天性孝友,潜心力学,工举业,尤好读经史,于寻常讲贯之外,别有会心,与从孙调侯,日以古学相砥砺。调侯奇伟倜傥,敦尚气谊,本其家学,每思继序前人而光大之。二子才器过人,下笔洒洒数千言无懈漫,盖其得力于古者深矣。"这一评价当属实录,似非溢美。观《纲鉴易知录》与《古文观止》的自序,吴乘权的文字功夫上乘,绝非乡里冬烘学究所能望其项背者。

从上引以及《古文观止》的自序,亦可知《古文观止》的第二编者吴调侯的简况,他名大职,字调侯,既是吴兴祚的"从孙"辈,与吴乘权当属叔侄关系,且年龄较为接近。

值得一提的是吴乘权的这位伯父吴兴祚,《清史列传》与《清史稿》皆有传,且前者列之于"大臣传",算是清朝一位鼎鼎有名的人物。吴兴祚(1632—1698),字伯成,号留村,原籍浙江山阴,以父吴执忠客礼亲王代善幕,授头等护卫,入籍汉军正红旗。吴兴祚以贡生授江西萍乡知县,历官山东沂州知州,福建按察使、巡抚,以败台湾郑锦兵,进秩正一品。擢两广总督,后以铸钱事降级汉军副都统。康熙三十一年(1692)以副都统镇大同右卫,三十四年(1695)六月又以马匹事降三级调用。三十六年(1697)以康熙帝亲征噶尔丹,奉旨复原官,三十七年(1698)卒。据吴兴祚为《古文观止》所作序可知,"岁戊午"(即康熙十七年,1678),吴兴祚在福建巡抚任上时,曾请会稽章子、习子在福州教授其子古文,而吴乘权曾陪侍左右。十七年后,吴兴祚已降调大同右卫,吴乘权、吴大职又寄去新编成之《古文观止》。吴兴祚"阅其选简而该,评注详而不繁,其审音辨字无不精切而当当",就为之作序,并加刊刻。一般认为,康熙三十四年(1695)即是《古文观止》首次刊印之年。

二

这部选本之所以名为"观止",是用《左传·襄公二十九年》所载吴公子季札观周乐的故事(《古文观止》卷二已选)。季札在鲁国观赏乐舞,至舞《韶箾》,认为尽善尽美,已到极致,因而赞叹道:"观止矣!若有他乐,吾不敢请已!"后世即以"观止"二字形容事物已经好到极点而无以复加。所谓"古文观止",意即古文的最优秀选本。

吴兴祚序本《古文观止》初刻本尚未见传世,其后之翻刻本,据安平秋点校《古文观止》(中华书局 1987 年出版)之《点校说明》,则有乾隆三十九年(1774)《鸿文堂增订古文观止》、乾隆五十四年(1789)映雪堂刊《古文观止》。鸿文堂本为点校者个人收藏,映雪堂本现藏于人民文学出版社图书馆。金开诚、葛兆光《历代诗文要籍详解》则认为吴兴祚序本以谷邑(今山东平阴)文会堂本《古文观止》为"今天我们看到的这一系统的最早刊本"。以目前所见,凡属于这一系统的刊本,皆有"大司马吴留村先生鉴定,山阴吴乘权(楚材)、大职(调侯)手录"之题记。

《古文观止》另一系统刊本为康熙戊寅(即康熙三十七年,1698)仲冬,吴乘权、吴大职在家乡所刊印者,即文富堂本《古文观止》,该刻有二吴"题于尺木堂"之自序、吴乘权之"例言",无吴兴祚之序,但仍有"吴留村先生鉴定"之题记。据《清史列传》,吴兴祚卒于是年二月,此本最早当刊于是年十一月,吴兴祚未及见到此本。今中华书局图书馆藏有此本。以目前所见,文富堂本《古文观止》的翻刻本只有民国元年(1912)绍兴墨润堂刊本《增批古文观止》一种。

比较这两个系统的《古文观止》刊本,可以"稍有出入,大体相同,互有优劣"十二字概括之,但以二吴序本刻工粗糙且讹误较多。前述安平秋之《点校说明》,尚记有其个人所藏乾隆三十三年(1768)

锡山怀泾堂刊本《古文观止》:"此本虽据吴兴祚初刊本翻印,但显然用它本校勘过,凡与鸿文堂本、映雪堂本有异之处,大多与文富堂本相同,而文富堂本的讹误,此本多所纠正,但亦有个别属文富堂本、鸿文堂本、映雪堂本不误而此本有误之处。此本书前有牌记三行:'此书行世已久,坊间翻刻亥豕莫分,贻误不小,本堂重刻校对,一字无讹,同人共鉴。'说'一字无讹'未免言过其实,但讹误甚少确属不虚。这在今天,更是难得的好本子。"

　　作为一个为应试而编纂的通俗古文选本,今天探讨其版本问题,意义并不大,但透过其刊印的历史,我们可以窥见其流行状况,从而有助于我们充分理解《古文观止》的文化品格。其实在有清一代,《古文观止》的刊印当不限于上述的几个版本,正是因为当时刊刻众多,士子几乎家有其书,加之此书属于蒙学,纯为写好应试的八股文之用,所以人们大都不甚宝惜,致使流传至今者已成吉光片羽,为收藏者视若拱璧了。小说《儒林外史》中的八股文选家马二先生,为书商选刻了许多时文"闱墨"的选本,畅销一时,广为射利,可见科举时代这一类实用书籍的流传之广。但诸如此类的书籍,今天已难得一见了。从版本保留意义上而言,《古文观止》与当时诸多时文选本的命运并无二致,用过即随意丢弃,星流云散,难觅踪影。

三

　　清代的古文选本众多,徐乾学等奉敕编选的《古文渊鉴》六十四卷、姚鼐编《古文辞类纂》七十五卷,前者有帝王背景,后者属桐城派的选政,如果说这两部古文选本难以普及流传是因其部头过大,那么,如金圣叹《才子必读古文》、谢有辉《古文赏音》、胡玉史《古文广注》、董汉策《历朝古文选》、余诚《古文释义》等,都属于卷帙相差无多的中型选本,在衡量这些选编者皆属人微言轻的布衣百姓的平等条件下,何以《古文观止》一枝独秀呢?这一问题,民国以前无人探讨,却引来了当代诸多学者的问个究竟的兴趣。

若讨论此一问题,就不能脱离时代因素与选家的功利目的。明清两代皆以八股文为科举取士的主要文体,八股文又称"时文""时艺"等,形式上是与"古文"相对的一种文体。但两者并非判若水火,势不两立,而是息息相通,互有借鉴。明代的古文家归有光既是写散文的高手,也是时文大家,尽管他年届耳顺才得中进士。明末的艾南英也以古文、时文并驾齐驱之作手,有名于时。清初桐城派的先驱戴名世是古文大家,他编选时文,即倡导以古文为时文,其《甲戌房书序》尊崇唐代韩愈、柳宗元论文之语,认为:"二家之言,盖言为古文之法也。而吾以为时文之法能取诸此,则时文莫非古文也,而何必欲举古文、时文区划而分割之也耶!"戴名世后因《南山集》文字狱被杀,清人讳言其人其文。《清史稿·选举三》把这一主张完全归誉于方苞:"桐城方苞以古文为时文,允称极则。"清初执诗坛牛耳的王士禛在其《池北偶谈》卷十三中,言及时文对诗古文的影响,曾意味深长地说:"时文虽无与诗古文,然不解八股,即理路终不分明。"写作八股文,须"入口气",即"代圣贤立言",这就需要一定的揣摩想象,才能肖圣贤之声口;而八股两两相对,"破题""承题"环环相扣,又需要一定的逻辑思维,才能天衣无缝,不露破绽。在这一时代氛围下,《古文观止》从编选到音释注评,都是围绕写作时文而进行的,所谓"山居寂寥,日点一艺以课子弟,非敢以此问世也"(二吴本序),道出了其间隐衷,这与我们今天读《古文观止》是纯粹为学习传统文化的目的迥然不同。

鲁迅曾说:"选本所显示的,往往并非作者的特色,倒是选者的眼光。"(《且介亭杂文二集·"题未定"草六》)有论者认为,《古文观止》之所以三百年流传不衰,完全得益于操选政者的如炬目光。《古文观止》十二卷,按周文、秦文、汉文、六朝文、唐文、宋文、明文的次序选文二百二十二篇,长者如司马迁《报任安书》,短者如王安石《读孟尝君传》,可谓细大不捐;论辩者如晁错《论贵粟疏》,沉痛者如韩愈《祭十二郎文》,可谓应有尽有。然而这并非二吴沙里淘金或另起炉灶的择持结果,而是参考了前人的各种选本并加以集中归纳的。对此,二吴并不讳言,其序有云:"且余两人非敢言选也,集焉云耳。集之奈何?集古人之文,集古今人之选,而略者详之,繁者简之,舛错者厘定之,差讹者校正之云尔。"其《例言》亦云:"古文选本如林,而所选之文若出一辙,盖较学相传即为轻车熟路,欲别加选录,虽蹊径一新,反多扞格。故是编所登者,亦仍诸选之旧。"所谓"选者的眼光"在此已完全转变为选者的集中概括与删繁就简的操作了。

今人评论《古文观止》,多从散文发展史的角度立论,如责其不入选先秦诸子之文、曹操与建安七子之文,批评二吴将金元之文概付阙如,又斥其漏选韩愈、归有光等人《与李翱书》《项脊轩志》等优秀篇章,而入以《上宰相书》《与陈给事书》《吴山图记》等;还有论者指出《古文观止》选录了如《答苏武书》《辨奸论》等伪作,贻误后学。用今人的眼光与目的性要求古人,显然失之偏颇,也混淆了应试的功利性与鉴赏乃至研究的系统性这两种不同的文化诉求。

选目而外,《古文观止》的评注,某些论者也持异议。湖北人民出版社1986年出版张国光点校之《金圣叹批才子古文》(此书之成,早于《古文观止》三四十年),其《前言》有云:"《古文观止》选编的绝大部分文章与《才子古文》雷同不说,这个选本中的许多思想性较强、艺术分析较为细致精到的评语,往往也是从《才子古文》抄过来的。"甚至将《古文观止》的选编者骂为"拙劣的文抄公"。众所周知,明末清初的金圣叹(1608—1661)是一位有极高艺术鉴赏力的文人。如他批评《西厢记》与《水浒传》,烦琐处往往三言两语,即画龙点睛;细微处一经点乱,便如颊上三毛,备见神采。无论识力还是文采,二吴皆非金圣叹的对手,然而二吴勤能补拙且转益多师,正可弥补其不足。对此,二吴也不讳言,其《例言》有云:"诸选各有妙解,颇多阙略,是当取其所长以补其不足,便成全璧。是编遍采名家旧注,参以已私,毫无遗漏。"至于二吴有关评注的八股气息浓重、字词训释与文意理解的疏漏与讹误等,论者也多批评讲论。其实今天出版《古文观止》,因时代隔膜,已多不用旧注旧评,而是只用其选文,另作新注,别起炉灶,甚至译成白话,再加鉴赏,所以再无休无止地讨论二吴旧注旧评问题,已经意义不大了。

金圣叹的《才子必读古文》当非蒙学之书,又因其遭遇"哭庙案"而身首异处,其书难以广泛流传,不难理解。《古文观止》能于众多同类选本中脱颖而出,就其文化品格而论,自有其必然性,当然也不排除某些"幸运"的偶然因素。

首先,《古文观止》的书名较为吸引人,典雅而不晦涩,远较《古文赏音》《古文释义》等取名响亮,这就有了接受基础。其次,有做过封疆大吏的高官吴兴祚为之作序,起到了招牌作用。再次,康熙以后,吴乘权所编《纲鉴易知录》刊刻以后,作为历史编年书,简明扼要,通俗易懂,逐渐风行,难有取代者,读者爱屋及乌,自然于其所编《古文观止》也青睐有加。其他因素如选文篇幅适中,评注钩玄提要,便于习举业者揣摩领会;不避《北山移文》《归去来辞》《阿房宫赋》等骈文入选,有益于视野的扩大;清代人口增加,从事科举的读书人人群日趋扩大;等等。这些因素都为《古文观止》创造了广泛流行的条件。

清代八股文废止于光绪二十八年(1902),较科举制的寿终正寝尚早三年。作为学习八股时文的参考书,《古文观止》却因基础广泛而重获新生,成为联系新、旧两种文化的津梁。五四新文化运动以后,文言文逐渐退出历史舞台,白话文成为文坛利器,但历史的难以割断与传统文化的无穷魅力,学习古文,涵泳于典雅的语境,仍为世人之精神需求。书贾为射利,就将《古文观止》作为一种知名品牌保存下来,而其文化品格也就此得到提升,从雅、俗之间的尴尬处境跃迁于雅文化的殿堂。民国十三年(1924),吴兴王文濡选辑《续古文观止》问世,补《古文观止》所未收之清文一百七十余篇,借重者正是这一品牌意识。而《续古文观止》的刊行,无疑又反过来加强了《古文观止》的权威性,于是这部古文选本直到今天仍然为世人所重视,被各出版社不断刊印,成为占据图书市场的常销书。

历史机缘造就了《古文观止》这一图书知名品牌,我们今天就应当爱惜它、维护它,让它为我们学习传统文化发挥出最大效力。

赵伯陶
于京北天通楼

目录

郑伯克段于鄢	《左传》	1
曹刿论战	《左传》	7
宫之奇谏假道	《左传》	10
齐桓下拜受胙	《左传》	14
介之推不言禄	《左传》	16
烛之武退秦师	《左传》	18
蹇叔哭师	《左传》	22
王孙满对楚子	《左传》	25
子产论政宽猛	《左传》	27
吴许越成	《左传》	30
召公谏厉王止谤	《国语》	34
申胥谏许越成	《国语》	37
苏秦以连横说秦	《战国策》	40
邹忌讽齐王纳谏	《战国策》	48
冯谖客孟尝君	《战国策》	51
触龙说赵太后	《战国策》	57
鲁仲连义不帝秦	《战国策》	62
唐雎不辱使命	《战国策》	72
谏逐客书	李 斯	76

宋玉对楚王问	《楚辞》	82
项羽本纪赞	《史记》	85
孔子世家赞	《史记》	87
管晏列传	《史记》	89
报任安书	司马迁	100
过秦论上	贾谊	114
论贵粟疏	晁错	121
前出师表	诸葛亮	127
陈情表	李密	132
兰亭集序	王羲之	136
归去来辞	陶渊明	139
桃花源记	陶渊明	142
五柳先生传	陶渊明	145
谏太宗十思疏	魏徵	147
为徐敬业讨武曌檄	骆宾王	150
滕王阁序	王勃	154
春夜宴桃李园序	李白	160
吊古战场文	李华	162
陋室铭	刘禹锡	168
阿房宫赋	杜牧	170
原毁	韩愈	175
杂说四	韩愈	179
师说	韩愈	181
送李愿归盘谷序	韩愈	185
祭鳄鱼文	韩愈	190
柳子厚墓志铭	韩愈	194
捕蛇者说	柳宗元	205

种树郭橐驼传	柳宗元	209
钴鉧潭西小丘记	柳宗元	213
小石城山记	柳宗元	216
岳阳楼记	范仲淹	218
朋党论	欧阳修	222
《梅圣俞诗集》序	欧阳修	227
《五代史·伶官传》序	欧阳修	231
醉翁亭记	欧阳修	234
留侯论	苏 轼	238
凌虚台记	苏 轼	243
前赤壁赋	苏 轼	246
六国论	苏 辙	250
黄州快哉亭记	苏 辙	254
读《孟尝君传》	王安石	258
游褒禅山记	王安石	259
卖柑者言	刘 基	263
沧浪亭记	归有光	266
徐文长传	袁宏道	269
五人墓碑记	张 溥	274

郑伯克段于鄢

《左传》

【原文】

初,郑武公娶于申,曰武姜①,生庄公及共叔段②。庄公寤生③,惊姜氏,故名曰寤生,遂恶之。爱共叔段,欲立之,亟请于武公④,公弗许。

【注释】

①武姜:郑武公的正妻。武,武公的谥号。姜,母家的姓氏。
②共(gōng)叔段:共,国名,在今河南辉县。段,庄公弟弟的名字,排行老二,后来逃亡至共,所以称为共叔段。
③寤(wù)生:胎儿脚先出,倒着生下来。即难产。寤,同"牾",逆,倒着。
④亟(qì):屡次,多次。

【译义】

当初,郑武公从申国娶回一位夫人,她后来被称为武姜,生了庄公和共叔段两个儿子。庄公出生时脚先出来,姜氏因此而受到惊吓,所以给他取名"寤生",从此厌恶他。姜氏偏爱共叔段,想立他为太子,多次向武公请求,武公都没有答应。

【原文】

及庄公即位,为之请制①。公曰:"制,岩邑也,虢叔死焉②。他邑唯命。"请京,使居之,谓之京城大叔③。祭仲曰④:"都城过百雉⑤,国之害也。先王之制:大都不过参国之一⑥,中五之一,小九之一。今京不度,非制也。君将不堪。"公曰:"姜氏欲之,焉辟害?"对曰:"姜氏何厌之有!不如早为之所,无使滋蔓。蔓,难图也。蔓草犹不可除,况君之宠弟乎?"公曰:"多行不义必自毙。子姑待之。"

【注释】

①请制:请求以制地作为领地。制,邑名,一名虎牢,在今河南荥阳西北。

②虢(guó)叔:东虢国的君主,姬姓,被郑所灭。

③大叔:太叔。大,同"太"。

④祭(zhài)仲:郑国大夫。大夫是周代官职名。

⑤雉(zhì):量词,古代计算城墙的单位,长三丈、高一丈为一雉。

⑥参(sān)国之一:国都的三分之一。参,同"三"。国,这里指国都。

【译文】

后来,庄公即位当上了国君,姜氏就要求将制这个地方作为共叔段的封地。庄公说:"制,地势十分险要,以前虢叔便死于此地。其他地方则可以听从您的吩咐。"于是姜氏就要求京邑,庄公答应让共叔段住在那里,从此人们就称段为京城太叔。大夫祭仲对庄公说:"一般分封的城邑超过三百丈就会成为国家的危害。按照先王的制度:大城不能超过国都的三分之一,中等城不能超过国都的五分之一,小城不能超过国都的九分之一。现在京邑不合法度,违反了先王的制度,您将会受不了的。"庄公说:"姜氏要这样,我怎么能避开这种祸难呢!"祭仲说:"姜氏哪里会有满足的时候啊!不如早点做出安排,以免这种祸难滋生蔓延。如果蔓延了,就很难处理了。蔓延的杂草尚且不容易铲除,更何况是您受宠爱的弟弟呢?"庄公说:"做多了坏事就一定会自取灭亡的,你姑且等着看吧!"

【原文】

既而大叔命西鄙、北鄙贰于己①。公子吕曰:"国不堪贰,君将若之何？欲与大叔,臣请事之;若弗与,则请除之,无生民心。"公曰:"无庸②,将自及。"大叔又收贰以为己邑,至于廪延③。子封曰:"可矣,厚将得众④。"公曰:"不义不昵,厚将崩。"

【注释】

①鄙:边邑。贰:两属,属二主,即双方管理。
②庸:用。
③廪(lǐn)延:郑邑名,在今河南延津北。
④厚:指土地扩大。

【译文】

不久,太叔让西边和北边的两个城邑一边效忠于庄公,一边效忠于自己。公子吕说:"一国不容许有两个国君,您将要怎么办呢？您若是想把政权交给太叔,就请让臣去侍奉他;如果不想交给他,就请消灭他,不要使百姓产生疑心。"庄公说:"不用了,他自己会灭亡的。"后来太叔又把两属的地方收归自己所有,并扩大到廪延。子封说:"可以了,如果他的领土进一步扩大就会得到更多人的拥护了。"庄公说:"他对国君不仁义,对兄长不亲昵,领土越多,崩溃得越彻底!"

【原文】

大叔完聚①,缮甲兵,具卒乘,将袭郑。夫人将启之。公闻其期,曰:"可矣!"命子封帅车二百乘以伐京。

3

京叛大叔段。段入于鄢。公伐诸鄢。五月辛丑,大叔出奔共。

【注释】

①完聚:修葺,整治。指修缮城池,积聚兵力。

【译文】

太叔修治城池,集结兵力,修缮战甲和武器,准备好了兵马战车,意图偷袭郑都。姜氏则打算到时候打开城门接应。庄公得知了他们行动的日期,说:"现在可以动手了!"于是命令子封率领两百战车讨伐京邑。京邑的人叛离了太叔,太叔逃到了鄢邑。庄公亲自带领兵马伐鄢。五月辛丑这一天,太叔逃往共国。

【原文】

书曰:"郑伯克段于鄢。"段不弟①,故不言弟;如二君,故曰克;称郑伯,讥失教也,谓之郑志②;不言出奔,难之也。

【注释】

①弟(tì):同"悌",指听从兄长。
②郑志:这里指郑庄公有杀弟的意图。志,意图。

【译文】

《春秋》上写道:"郑伯克段于鄢。"段不守弟道,所以不称其为"弟";如同两个国君在交战,因此称庄公打了胜仗为"克";称庄公为"郑伯",是讽刺他没有能正确地教导胞弟,示意庄公早存杀弟之心;不说段是逃亡,而是被打败,都是对庄公的责难。

【原文】

遂置姜氏于城颍,而誓之曰:"不及黄泉,无相见也。"既而悔之。颖考叔为颖谷封人①,闻之,有献于公。公赐之食,食舍肉。公问之,对曰:"小人有母,皆尝小人之食矣,未尝君之羹②,请以遗之③。"公曰:"尔有母遗,繄我独无④!"颖考叔曰:"敢问何谓也?"公语之故,且告之悔。对曰:"君何患焉!若阙地及泉⑤,隧而相见,其谁曰不然?"公从之。公入而赋:"大隧之中,其乐也融融!"姜出而赋:"大隧之外,其乐也泄泄⑥!"遂为母子如初。

【注释】

① 封人:管理边境事务的官员。
② 羹(gēng):有肉有汤的食物。这里泛指肉食。
③ 遗(wèi):赠给。这里是留下来的意思。
④ 繄(yī):发语词,无意义。
⑤ 阙:同"掘",挖掘。
⑥ 泄泄(yì):和乐的样子。

【译文】

此后,庄公把姜氏放逐到边远的城颍,并发誓说:"不到黄泉,我们决不相见。"但不久就后悔了。颖考叔是颖谷掌管边界事务的官吏,听说这件事情后,便借献贡礼的机会来见庄公。庄公宴请他,他吃饭的时候把肉挑出来放在一边。庄公问他原因,他说:"我有老母亲,我的食物她都吃过了,还没有尝过您赏赐给我的肉羹,请您允许我带回去给她尝尝。"庄公说:"你有母亲可以送食物,我却没有啊!"颖考叔问庄公:"敢问您这是什么意思呢?"庄公将事情的原委告诉了他,并说明自己的悔意。颖考叔说:"这有什么好担心的呢?如果挖掘土地,直到看见泉水,您就可以挖隧道和姜夫人相见,又有谁敢说您违背了誓言呢?"于是庄公按照他说的去做。庄公走进隧道时赋诗说:"隧道里面,快乐无比啊!"姜氏走出隧道时也赋诗说:"隧道外面,其乐无穷啊!"从此,母子俩和好了!

【原文】

　　君子曰:"颍考叔,纯孝也。爱其母,施及庄公①。《诗》曰:'孝子不匮②,永锡尔类③。'其是之谓乎!"

【注释】

①施(yì):延续,扩展。
②匮(kuì):竭尽,缺乏。
③锡:赐予。这两句诗出自《诗经·大雅·既醉》。

【译文】

　　君子说:"颍考叔是真正的孝子。他孝敬自己的母亲,并且还影响到了庄公。《诗经》说:'孝子的孝心没有穷尽,永远感化和影响着同类人。'大概说的就是这种情况吧!"

曹刿论战

《左传》

【原文】

十年春,齐师伐我①,公将战②。曹刿请见。其乡人曰:"肉食者谋之③,又何间焉④?"刿曰:"肉食者鄙,未能远谋。"遂入见。

【注释】

①我:指鲁国。《左传》是以鲁国史官的口吻而作,因此称鲁国为"我"。

②公:指鲁庄公,公元前693年至公元前662年在位。

③肉食者:指位高权重的人。

④间(jiàn):参与,参加。

【译文】

鲁庄公十年春天,齐国的军队攻打我们鲁国。庄公准备迎战。曹刿请求谒见庄公。他的同乡对他说:"这些事情有那些位高权重的人来谋划,你又何必参与呢?"曹刿说:"有权势的人都目光短浅,没有深谋远虑。"于是前来谒见庄公。

【原文】

问:"何以战?"公曰:"衣食所安,弗敢专也①,必以分人。"对曰："小惠未遍,民弗从也。"公曰："牺牲玉帛,弗敢加也②,必以信。"对曰："小信未孚③,神弗福也。"公曰："小大之狱④,虽不能察,必以情。"对曰："忠之属也⑤,可以一战。战则请从。"

【注释】

①专:独自享用。

②加:夸张虚报。

③孚:相信。

④狱:案件。

⑤属:类别。

【译文】

曹刿问庄公:"您凭借什么来打这场仗?"庄公说:"锦衣玉食一类养生的东西,我不敢独自享用,一定会分给别人。"曹刿说:"这种小恩惠没能遍及民众,百姓是不会跟从您的。"庄公又说:"祭祀用的牲畜玉帛,我从来不敢虚夸,一定以虔诚的心去对待。"曹刿说:"这种小小的诚心,并不能使神灵深信不疑,神不会赐福给您的。"庄公说:"大大小小的案件,虽然我不能一一审查清楚,但一定处理得合情合理。"曹刿说:"这才是忠于百姓的行为,您可以凭借这个作战。如果作战,请让我跟随您。"

【原文】

公与之乘,战于长勺。公将鼓之,刿曰："未可。"齐人三鼓,刿曰："可矣。"齐师败绩。公将驰之①,刿曰："未可。"下视其辙②,登轼而望之③,曰："可矣。"遂逐齐师。

【注释】

①驰:追逐,追赶。

②辙:车轮走过的痕迹。
③轼:古代车厢前供人手扶的横木。

【译文】

庄公和曹刿乘同一辆战车出发。鲁国与齐国两军在长勺交战。两军相遇之后,庄公就想要击鼓进军,曹刿说:"不行。"待齐人擂过三次鼓,曹刿才说:"可以了。"结果,齐军大败。庄公想要乘胜追击齐军,曹刿说:"不行。"他走下战车,仔细地查看齐军车轮走过的痕迹,又登上战车,扶住车前横木远望齐军撤退的情况,然后对庄公说:"可以了。"于是,鲁军追击齐军。

【原文】

既克,公问其故。对曰:"夫战,勇气也。一鼓作气,再而衰,三而竭。彼竭我盈,故克之。夫大国,难测也,惧有伏焉。吾视其辙乱,望其旗靡,故逐之。"

【译文】

战胜之后,庄公问曹刿这样做的原因。曹刿说:"作战,靠的是勇气。第一次擂鼓的时候,士气旺盛起来了;第二次擂鼓的时候,士气就有些懈怠了;而到了第三次擂鼓,士气已经没有了。敌人的士气已经衰竭,而我军士气正旺,所以我们能战胜他们。大国的行动是难于预测的,恐怕他们有埋伏,我看见他们的车辙混乱,战旗也倒下去了,断定他们确实是战败而逃,因此才让您下令追击。"

宫之奇谏假道

《左传》

【原文】

晋侯复假道于虞以伐虢。宫之奇谏曰:"虢,虞之表也①。虢亡,虞必从之。晋不可启②,寇不可玩③,一之为甚,其可再乎?谚所谓'辅车相依,唇亡齿寒'者,其虞、虢之谓也。"

【注释】

①表:屏障,如门户、藩篱之类。
②启:开。
③玩:忽视。

【译文】

晋献公又向虞国国君借路进攻虢国。虞大夫宫之奇向其国君进谏道:"虢国是虞国的门户,虢国如果灭亡,虞国必会跟着灭亡。晋国是不可以激起它的野心的,从外面入侵的军队是不可以忽视的。借路一次就已经过分,还能来第二次么?俗话说'面颊和牙床互相依存,嘴唇没有了,牙齿就会感到寒冷',就是说的虞国和虢国之间的关系啊。"

【原文】

公曰:"晋,吾宗也,岂害我哉?"对曰:"大伯、虞仲①,大王之昭也②。大伯不从③,是以不嗣。虢仲、虢叔,王季之穆也④;为文王卿士,勋在王室,藏于盟府⑤。将虢是灭,何爱于虞?且虞能亲于桓、庄乎⑥?其爱之也,桓、庄之族何罪?而以为戮,不唯逼乎⑦?亲以宠逼,犹尚害之,况以国乎?"

【注释】

①大伯:即太伯,与虞国的始封君虞仲都是太王"古公亶父"的儿子。

②昭:指宗庙里神主的位次,始祖居中,其余分列左右,昭左穆右,父子异列,祖孙同列。如父为昭则子为穆,父为穆则子为昭。

③不从:不听从,一说,未随从在侧。

④穆:与"昭"相对。

⑤盟府:掌管盟约的官府。

⑥桓、庄:桓叔、庄伯。晋献公为桓叔之曾孙,庄伯之孙。

⑦逼:威胁。

【译文】

虞公说:"晋国和我是同一个祖先的后代,难道会害我吗?"宫之奇答道:"太伯和虞仲都是太王的儿子。太伯知道太王有意传位于小儿子王季,就和虞仲一起出走,因此没有继承君位。虢仲和虢叔都是王季的儿子,在文王时做过卿士,他们在朝廷里立了大功,因功受封的典册藏在盟府里面。现在,晋国准备灭掉虢国,对虞国又有什么爱惜的呢?再说晋国爱虞国能比晋献公待桓叔、庄伯的后代更亲近吗?如果晋国爱惜同宗的话,桓叔、庄伯的后代有什么罪过?晋献公却把他们杀掉,不就是因为他们是近亲又威胁到他的统治吗?近亲之间,因为地位权势的威胁,尚且要杀死他们,何况国与国之间呢?"

【原文】

公曰:"吾享祀丰洁,神必据我①。"对曰:"臣闻之,鬼神非人实亲,惟德是依。故《周书》曰:'皇天无亲,惟德是辅。'又曰:'黍稷非馨,明德惟馨。'又曰:'民不易物,惟德繄物②。'如是,则非德,民不和,神不享矣。神所冯依③,将在德矣。若晋取虞,而明德以荐馨香,神其吐之乎?"

【注释】

①据:保佑。
②繄(yī)物:其物,那件物品。
③冯:同"凭"。

【译文】

虞公说:"我祭神的礼品丰盛洁净,鬼神必会保佑我。"宫之奇答道:"我听说,鬼神是不随便亲近人的,而是根据德行。所以《周书》说:'皇天不随便和某人特别亲近,只帮助那些有德行的。'又说:'黍稷做成的祭品,其馨香并不能传得很远,唯有明显的德行才能馨香远闻。'又说:'不同的人祭神之时,祭品相似,不必改易,只有有德行的人供的祭品才会被神享用。'这样看来,没有德行,百姓就不和,鬼神是不会享用的。鬼神依靠的,是德行。如果晋国占领了虞国,再来提高道德的修养,从而供献喷香的祭品,难道鬼神会吐弃它吗?"

【原文】

弗听,许晋使。宫之奇以其族行,曰:"虞不腊矣①。在此行也,晋不更举矣②。"冬,晋灭虢。师还,馆于虞③,遂袭虞,灭之,执虞公④。

【注释】

①腊:岁终祭神。

②更(gēng)举:再次举兵。

③馆:驻扎。

④执:捉住。

【译文】

　　虞公不听宫之奇的劝告,答应了晋国使者的要求。宫之奇带领全族离开了虞国,说:"虞国不能存在到举行腊祭的时候了。就在这一次灭掉虞国,晋国不需要再另外出兵了。"这年冬天,晋国灭掉了虢国。晋国军队回国的时候驻扎在虞国,就趁机袭击了虞国,灭掉它,抓住了虞公。

齐桓下拜受胙

《左传》

【原文】

夏,会于葵丘①,寻盟②,且修好,礼也。王使宰孔赐齐侯胙③,曰:"天子有事于文、武④,使孔赐伯舅胙⑤。"齐侯将下拜。孔曰:"且有后命。天子使孔曰:'以伯舅耋老⑥,加劳,赐一级,无下拜。'"对曰:"天威不违颜咫尺⑦,小白余敢贪天子之命'无下拜'?恐陨越于下⑧,以遗天子羞,敢不下拜!"下,拜,登,受⑨。

【注释】

①葵丘:宋国地名,在今河南民权东北。

②寻:同"燖(xún)",把冷了的东西重新温一温。这里指重申过去的盟约。

③王:指周襄王。下文中的"天子"亦指周襄王。宰:官职。孔:人名。宰孔是周天子的使臣。齐侯:指齐桓公姜小白。胙(zuò):祭祀用的肉。

④有事于文、武:指祭祀周文王、周武王的事。

⑤伯舅:周王室称与之通婚的异姓诸侯为伯舅。

⑥耋(dié):年七八十称耋。

⑦违:离开。咫尺:比喻距离很近。咫,八寸。

⑧陨越:倒下去,坠落。这里指有违礼法。

⑨下、拜、登、受:臣子领受天子赏赐时的四种动作。

【译文】

鲁僖公九年(前651)夏天,诸侯会盟于葵丘,重申从前的盟约,且进一步发展友好关系,这是合乎礼的做法。周襄王派遣宰孔赐给齐桓公祭肉。宰孔说:"天子在祭祀文王、武王,派我将祭肉赐给伯舅。"齐桓公就要下阶拜谢。宰孔说:"且慢,后面还有别的诏命。天子让我对您说:'因为伯舅年老,应重加慰劳,赐爵一级,不必下阶拜谢。'"齐桓公回答说:"上天的威严距离我的颜面不过咫尺。小白我怎敢贪求天子之命,'不必下阶拜谢'?我唯恐在下面有违礼法,致使天子为此蒙受耻辱,岂敢不下阶拜谢!"于是,齐桓公便下阶,跪倒拜谢,登堂,恭受祭肉。

介之推不言禄

《左传》

【原文】

晋侯赏从亡者①。介之推不言禄②,禄亦弗及。推曰:"献公之子九人,唯君在矣。惠、怀无亲,外内弃之。天未绝晋,必将有主。主晋祀者,非君而谁?天实置之③,而二三子以为己力,不亦诬乎?窃人之财,犹谓之盗,况贪天之功以为己力乎?下义其罪,上赏其奸,上下相蒙,难与处矣。"其母曰:"盍亦求之④?以死谁怼⑤?"对曰:"尤而效之⑥,罪又甚焉!且出怨言,不食其食⑦。"其母曰:"亦使知之,若何?"对曰:"言,身之文也⑧。身将隐,焉用文之?是求显也。"其母曰:"能如是乎?与汝偕隐。"遂隐而死。

晋侯求之不获,以绵上为之田⑨,曰:"以志吾过,且旌善人⑩。"

【注释】

①晋侯:晋文公重耳。
②介之推:又称介子推,晋国贵族。禄:这里指赏赐。
③置:布置,安排。
④盍(hé):何不。

⑤怼(duì):怨恨。
⑥尤:这里是动词,认为……是不对的。
⑦不食其食:前一个"食"是吃的意思,后一个指俸禄。
⑧文:装饰。
⑨田:这里指祭田。
⑩旌:旌表,表扬。

【译文】

晋文公赏赐曾跟着他流亡的人。介之推不称功求赏,赏赐也没有给他。介之推说:"献公的儿子有九个,唯独国君还在人世。惠公、怀公没有亲信,国外国内都抛弃他们。上天不想灭绝晋,必定要有人出来主持国家大事。主持晋国祭祀的人,不是现在的国君又是谁呢?上天实际上已经安排好了的,而随从流亡的人却认为是自己的功劳,这不是骗人吗?偷窃别人的钱财,尚且称他为盗贼,何况贪取上天的功劳,而认为是靠自己出的力呢?下面的臣子将罪当作义,上面的国君对这欺诈的行为给予赏赐。上下互相欺瞒,难以和他们相处啊。"介之推的母亲说:"何不也去要求赏赐呢?否则这样贫穷地死去又能埋怨谁呢?"介之推回答说:"责备这种行为而又效仿它,罪更重啊!况且我已经说出抱怨的话了,不能再吃他的俸禄了。"他的母亲说:"也应该让国君知道你的想法,好吗?"介之推回答说:"言语,是身体的装饰。身体将要隐居了,还要装饰它吗?这样是乞求显达啊。"他的母亲说:"你真能这样做吗?那我和你一起隐居。"便一起隐居到死去。

晋文公寻找介之推找不到,用绵上作为他的祭田,并说:"用它来记下我的过失,并且表彰善良的人。"

烛之武退秦师

《左传》

【原文】

晋侯、秦伯围郑①,以其无礼于晋②,且贰于楚也③。晋军函陵④,秦军氾南⑤。

【注释】

①晋侯:晋文公。秦伯:秦穆公。
②无礼于晋:指晋文公重耳为公子时流亡经过郑国,郑文公未以礼相待之事。
③贰于楚:从属于晋的同时又从属于楚。贰,从属二主。
④军:驻扎。函陵:地名,在今河南新郑北。
⑤氾(fán)南:氾水之南。

【译文】

晋文公联合秦穆公围攻郑国,这是因为郑文公曾对晋文公无礼,而且还对晋国有二心,依附楚国。当时晋军驻扎函陵,秦军驻扎氾水之南。

【原文】

佚之狐言于郑伯曰①:"国危矣!若使烛之武见秦君,师必退。"公从之。辞曰:"臣之壮也,犹不如人;今老矣,无能为也已。"公曰:"吾不能早用子,今急而求子,是寡人之过也。然郑亡,子亦有不利焉!"许之。

【注释】

①佚之狐:郑大夫。郑伯:郑文公。

【译文】

佚之狐对郑文公说:"国家危险了!如果派烛之武去见秦君,秦国军队一定会撤退。"郑文公听从了他的意见。烛之武推辞说:"臣在壮年时,尚且不如别人;现在老了,更做不了什么事了。"郑文公说:"我没有及早重用您,现在危急时才来求您,这是我的过错。然而郑国灭亡了,对您也不利啊!"烛之武答应了。

【原文】

夜缒而出①,见秦伯,曰:"秦、晋围郑,郑既知亡矣。若亡郑而有益于君,敢以烦执事。越国以鄙远②,君知其难也。焉用亡郑以陪邻?邻之厚,君之薄也。若舍郑以为东道主③,行李之往来④,共其乏困⑤,君亦无所害。且君尝为晋君赐矣⑥,许君焦、瑕,朝济而夕设版焉⑦,君之所知也。夫晋,何厌之有⑧?既东封郑⑨,又欲肆其西封,若不阙秦⑩,将焉取之?阙秦以利晋,唯君图之。"秦伯说⑪,与郑人盟。使杞子、逢孙、扬孙戍之⑫,乃还。

【注释】

①缒(zhuì):系在绳子上放下去。

②鄙:边疆。这里作动词,意为开辟边疆。

③东道主:东方道路上的主人。

④行李:外交使节。

⑤共:同"供",供给。

⑥赐:恩惠,指秦穆公帮助晋惠公回国继位之事。

⑦版:打土墙用的夹板。这里指防御工事。

⑧厌:饱,满足。

⑨封:疆界。这里作动词,以……为疆界。

⑩阙:损害。

⑪说:同"悦",欢悦。

⑫杞子、逢孙、扬孙:都是秦大夫。

【译文】

当夜把烛之武用绳子绑住身体,从城墙上坠下去。见到秦穆公,烛之武说:"秦、晋两国围攻郑国,郑国已经知道自己就要灭亡了。如果郑国灭亡对您有好处,那就值得烦劳您的左右。越过其他国家而在远方土地上设置边邑,您知道这会是很困难的。为什么要灭郑来加强您的邻国呢?邻国实力增强,就等于您的力量变薄弱啊。如果不灭郑国而使它成为您东方道路上的主人,贵国使臣来往经过时,郑国可以供应他们的食宿给养,这对您也没有坏处。再说您曾经施恩于晋惠公,他答应回报您焦、瑕两地,可是他早晨刚刚渡河回国,晚上就在那里修筑工事来防御您,这是您所知道的。晋国哪里有满足的时候?等它把东边的疆界扩展到郑国,又会想扩张它西边的疆界,如果不侵害秦国,它到哪里去夺取土地呢?损害秦国而有利于晋国,希望您好好考虑这件事。"秦伯很高兴,与郑国订立盟约,委派杞子、逢孙、扬孙留守郑国,自己率军回国。

【原文】

子犯请击之①,公曰:"不可。微夫人之力不及此②。因人之力而敝之③,不仁;失其所与④,不知⑤;以乱易整⑥,不武。吾其还也。"亦去之。

【注释】

①子犯:狐偃,字子犯,是晋文公的舅父。

②微:无。夫人:此人,指秦穆公。
③敝:动词,害。
④所与:同盟者。
⑤知:同"智"。
⑥乱:分裂。整:联合。

【译文】

　　晋国大夫子犯请求袭击秦军,晋文公说:"不行。如果不是秦国国君的力量,我到不了今天这个地步。得到过别人的帮助却去损害别人,是不仁;失去同盟国,是不智;用冲突来代替联合,是不武。我们还是撤回去吧。"于是晋国的军队也撤离了郑国。

蹇叔哭师

《左传》

【原文】

杞子自郑使告于秦曰①:"郑人使我掌其北门之管②,若潜师以来③,国可得也。"穆公访诸蹇叔④。蹇叔曰:"劳师以袭远,非所闻也。师劳力竭,远主备之⑤,无乃不可乎?师之所为,郑必知之。勤而无所,必有悖心⑥。且行千里,其谁不知?"

【注释】

①杞子:秦国大夫。僖公三十年,秦与郑订立盟约,命杞子、逢孙、扬孙三大夫留守在郑。

②管:钥匙。

③潜:秘密地。

④蹇(jiǎn)叔:秦国老臣。

⑤远主:指郑君。

⑥悖(bèi)心:违逆之心,怨恨。

【译文】

杞子从郑国派人向秦国报告说:"郑国人让我掌管他们国都北门的钥匙,如果悄悄派兵前来,就可以占领他们的国都。"秦穆公去向老臣蹇叔征求意见。蹇叔说:"让军队辛勤劳苦地偷袭远方的国家,我从没听说过这种事情。军队辛苦力竭,远方国家的君主又有防备,这样做恐怕不行吧？我们军队的举动，郑国必定会知道。军队辛苦一场却一无所得，将士一定会对此不满。再说行军千里，有谁会不知道呢？"

【原文】

公辞焉。召孟明、西乞、白乙①，使出师于东门之外。蹇叔哭之，曰："孟子②，吾见师之出而不见其入也。"公使谓之曰："尔何知！中寿③，尔墓之木拱矣④！"

【注释】

①孟明：秦国大夫，姓百里，名视，字孟明。秦国元老百里奚之子。西乞：秦国大夫，姓西乞，名术。白乙：秦国大夫，姓白乙，名丙。这三人都是秦国将军。
②孟子：指孟明。
③中寿：约六十岁。蹇叔此时有七八十岁，过了中寿。
④拱：两手合抱。

【译文】

秦穆公不听蹇叔的意见。他召集了孟明、西乞和白乙三位将领，让他们带兵从东门外出发。蹇叔为他们而哭，说："孟明啊，我看着大军出发，却看不见他们回来了。"秦穆公派人对蹇叔说："你知道什么！你若是活六十岁的话，你坟上种的树该长到两手合抱粗了（意思是你早该死了）！"

【原文】

蹇叔之子与师，哭而送之，曰："晋人御师必于殽①。殽有二陵焉：其南陵，夏后皋之墓也②；其北陵，文王之所辟风雨也。必死是间，余收尔骨焉。"秦师遂东。

【注释】

①御：抵御，抗击。殽：同"崤（xiáo）"，山名，在今河南洛宁西北。崤山有两陵（陵：大山），南陵和北陵，相距三十五里，地势险要。

②夏后皋（gāo）：夏朝君主，名皋，是夏桀的祖父。后，帝、王。

【译文】

蹇叔的儿子也在出征的队伍中，他哭着送儿子，说："晋国人必定在崤山阻击我军。崤山有两座大山：南面的大山是夏王皋的坟墓，北面的大山是周文王避过风雨的地方。你一定会战死在那里，我到那里收拾你的尸骨吧。"秦军于是向东进发。

王孙满对楚子

《左传》

【原文】

楚子伐陆浑之戎①,遂至于雒,观兵于周疆。定王使王孙满劳楚子②。楚子问鼎之大小轻重焉③。对曰:"在德不在鼎。昔夏之方有德也,远方图物④,贡金九牧⑤,铸鼎象物,百物而为之备,使民知神奸⑥。故民入川泽山林,不逢不若⑦。螭魅罔两⑧,莫能逢之。用能协于上下,以承天休⑨。桀有昏德,鼎迁于商,载祀六百⑩。商纣暴虐,鼎迁于周。德之休明⑪,虽小,重也;其奸回昏乱⑫,虽大,轻也。天祚明德⑬,有所底止⑭。成王定鼎于郏鄏⑮,卜世三十,卜年七百,天所命也。周德虽衰,天命未改。鼎之轻重,未可问也。"

【注释】

①陆浑之戎:古代西北少数民族之一,原居住在秦、晋西北,后迁到伊川,即今河南伊河流域。

②定王:周定王,公元前606年至公元前586年在位。

③鼎:相传为夏禹时,用九州进贡的铜铸成,是夏、商、周三朝的传国之宝和国家权力的象征,问鼎的轻重就表明对王权的觊觎。

④图物:把各地奇异之物绘制成图。

⑤金:指铜。九牧:九州之长。

⑥神奸:鬼神怪异之物。
⑦不若:不顺,指有害的东西。
⑧螭魅(chī mèi):同"魑魅",传说是山川中的鬼怪。罔两:同"魍魉",传说是河川里的精怪。
⑨休:保佑。
⑩载祀:载和祀都是年的别称。
⑪休明:美好清明。
⑫奸回:奸恶邪僻。
⑬天祚明德:上天保佑德行高尚的人。祚,赐福,保佑。
⑭厎(zhǐ)止:限度。
⑮定鼎于郏(jiá)鄏(rǔ):定都在郏鄏。定鼎,九鼎为传国之宝,定鼎就是定都。郏鄏,在今河南洛阳。

【译文】

鲁宣公三年,楚庄王讨伐陆浑戎,把军队开到洛水边上,在周王朝的边境上摆开阵势,炫耀军力。周定王派大夫王孙满前来慰问楚王。楚王趁机询问九鼎的大小轻重。王孙满回答说:"统治天下在于有德,而不在于有鼎。从前夏代有德,远方就把他们当地的奇异之物绘制成图,进献给夏王,九州之长也把青铜贡献上来。禹王于是用这些青铜铸成九鼎,在上面描绘出各种奇异的图像,使百姓看到鬼神妖怪的形象。所以,百姓进入山川沼泽时,就不会遇到不顺利的事情。山川木石的鬼怪,人们也不会撞见。这样,禹王才能团结上下,受到上天的保佑。夏桀没有高尚的品德,九鼎便被迁到商朝,经历了六百年。后来,商纣王暴虐无道,九鼎便迁到周朝。如果天子德行美好清明,鼎虽然小,也是重的;如果天子行为昏乱,鼎虽然大,也是轻的。上天保佑德行好的天子也是有极限的。成王定鼎于洛阳的时候,曾经占卜,向上天询问,周朝可以传世三十,历年七百,这是上天的安排。现在虽然周朝的道德衰落了,但天命没有改变。所以,九鼎的轻重,您就不必要问了。"

子产论政宽猛

《左传》

【原文】

郑子产有疾,谓子大叔曰①:"我死,子必为政。唯有德者能以宽服民,其次莫如猛②。夫火烈,民望而畏之,故鲜死焉。水懦弱,民狎而玩之③,则多死焉。故宽难。"疾数月而卒。大叔为政,不忍猛而宽。郑国多盗,取人于萑苻之泽④。大叔悔之曰:"吾早从夫子,不及此。"兴徒兵以攻萑苻之盗⑤,尽杀之。盗少止⑥。

【注释】

①子大叔:游吉,继子产之后郑国的执政者。大,同"太"。
②猛:严厉。
③狎(xiá):轻视,轻忽。
④取:同"聚"。人,指强盗。萑苻(huán fú):湖泽的名称。
⑤徒兵:步兵。
⑥少:稍,稍微。

【译文】

郑国的子产生了病,他对子太叔说:"我死了以后,您肯定会执政。只有有德行的人,才能够用宽和的政策使民众服从,差一等的人不如用严厉的政策。火猛烈,百姓一看见就害怕,所以很少有人死在火里;水柔弱,百姓轻视而玩弄它,所以死在水里的人很多。因此,运用宽和的施政方法很难。"子产病了几个月后就去世了。子太叔执政,不忍心严厉而用宽和的方法施政。结果郑国的盗贼很多,聚集在叫作萑苻的沼泽地。子太叔很后悔,说:"要是我早听老人家的话,就不会到这种地步了。"他派步兵去攻打萑苻的盗贼,把他们全部杀了,盗贼才有所收敛。

【原文】

仲尼曰:"善哉!政宽则民慢,慢则纠之以猛①;猛则民残②,残则施之以宽。宽以济猛③,猛以济宽,政是以和。《诗》曰:'民亦劳止,汔可小康。惠此中国,以绥四方④。'施之以宽也。'毋从诡随,以谨无良。式遏寇虐,惨不畏明⑤。'纠之以猛也。'柔远能迩,以定我王⑥。'平之以和也。又曰:'不竞不絿,不刚不柔,布政优优,百禄是遒⑦。'和之至也。"及子产卒,仲尼闻之,出涕曰⑧:"古之遗爱也⑨!"

【注释】

① 纠:矫正。

② 残:受到伤害。

③ 济:帮助,调节。

④ 这四句诗出自《诗经·大雅·民劳》。汔(qì):几乎,差不多。康:安。中国:指京城。绥:安抚。四方:指四方诸侯国。

⑤ 这四句诗出自《诗经·大雅·民劳》。从:同"纵",放纵。诡随:狡诈行骗的人。谨:管束。遏:制止,禁止。寇虐:指抢劫行凶的人。惨:曾,乃。明:法度。

⑥ 这两句诗出自《诗经·大雅·民劳》。柔:安抚。能:亲善。迩:近。

⑦ 这四句诗出自《诗经·商颂·长发》。竞:争。絿(qiú):急。优

优:温和宽厚的样子。遒:积聚。

⑧涕:眼泪。

⑨遗爱:仁爱的遗风。

【译文】

孔子说:"好啊!施政宽和,百姓就怠慢,百姓怠慢就用严厉的措施来纠正;施政严厉,百姓就会受到伤害,百姓受到伤害再用宽和的方法。宽和用来调节严厉,严厉用来调节宽和,政事因此而和谐。《诗经》中说:'民众辛苦勤劳,可以稍稍得到安康。在京城之中施行仁政,四方诸侯就能安抚。'这是施政宽和。'不能放纵欺诈者,以管束他们居心不良。制止抢夺残暴者,他们从不畏惧法度。'这是用严厉的方法来纠正宽和。'安抚远方和近邻,用此安定我王室。'这是用平和的方法来安定国家。又说:'既不相争也不急躁,既不刚强也不柔软,施政温和,各种福禄自然会聚集。'这是宽和政治的顶点。"子产去世,孔子听到这个消息,流着眼泪说:"他是有古代仁爱之遗风的人。"

吴许越成

《左传》

【原文】

　　吴王夫差败越于夫椒①,报槜李也②。遂入越。越子以甲楯五千保于会稽③,使大夫种因吴太宰嚭以行成④。吴子将许之。

【注释】

　　①夫差:春秋末年吴国国君,阖闾之子,越灭吴后自杀。夫(fú)椒:山名。

　　②槜(zuì)李:地名,勾践曾在此击败吴军。

　　③越子:指越王勾践。甲楯(dùn):指披甲持盾的士兵。会(kuài)稽:山名。

　　④大夫种:文种,越大夫。因:通过。吴太宰嚭(pǐ):伯嚭,吴王的宠臣。行成:议和。

【译文】

　　吴王夫差在夫椒山打败越国,报了槜李战役之仇。于是进入越国。越王勾践率领五千披甲执盾的兵士守在会稽山,派大夫文种通过吴国太宰伯嚭向吴王求和。吴王准备答应他。

【原文】

　　伍员曰①:"不可。臣闻之:'树德莫如滋②,去疾莫如尽。'昔有过浇③,杀斟灌以伐斟鄩④,灭夏后相⑤。后缗方娠⑥,逃出自窦⑦,归于有仍,生少康焉,为仍牧正⑧,惎浇能戒之⑨。浇使椒求之,逃奔有虞,为之庖正⑩,以除其害。虞思于是妻之以二姚⑪,而邑诸纶,有田一成⑫,有众一旅⑬,能布其德,而兆其谋⑭,以收夏众,抚其官职。使女艾谍浇⑮,使季杼诱豷⑯,遂灭过、戈,复禹之绩,祀夏配天,不失旧物⑰。今吴不如过,而越大于少康,或将丰之,不亦难乎?句践能亲而务施⑱,施不失人,亲不弃劳,与我同壤,而世为仇雠⑲。于是乎克而弗取,将又存之,违天而长寇雠,后虽悔之,不可食已⑳。姬之衰也㉑,日可俟也㉒。介在蛮夷而长寇雠㉓,以是求伯㉔,必不行矣。"

【注释】

①伍员(yún):字子胥,吴大夫。

②滋:增加。

③过(guō):古国名。浇(ào):过国国君,相传为东夷首领寒浞之子。

④斟灌、斟鄩(xún):夏的同姓诸侯。

⑤夏后相:夏朝君主相,为浇所杀。

⑥后缗(mín):有仍氏女,相的皇后。

⑦窦:洞。

⑧牧正:掌管畜牧的官。

⑨惎(jì):憎恨。

⑩庖正:掌管膳食的官。

⑪虞思:虞国国君。二姚:虞思的两个女儿。有虞氏是舜的后代,姚姓。

⑫一成:土地方圆十里为一成。

⑬一旅：古代以步兵五百人为一旅。
⑭兆：开始。
⑮女艾：少康臣。谍：侦察。
⑯季杼：少康子。豷(yì)：寒浞之子，浇之弟，戈国国君。
⑰旧物：指夏的典章制度。
⑱句：同"勾"。
⑲雠：同"仇"。
⑳食：消灭。
㉑姬：吴是周太王之子太伯的后代，姬姓。
㉒俟(sì)：等待。
㉓蛮：对南方各族的蔑称。夷：对东方各族的蔑称。
㉔伯：同"霸"，春秋时有实力领导其他国家的诸侯称为"霸"。

【译文】

伍员说："不行。臣听说过这样的话：'树立德行莫如日积月累，铲除害物莫如彻底干净。'从前过国的君王浇，杀了斟灌，又攻打斟鄩，灭掉了夏王相。相的皇后缗正怀着孕，从墙洞里逃出来，回到有仍，生下少康。少康做了有仍的牧正，痛恨浇，并时刻提防他。浇派椒寻找少康，少康逃到有虞，做了有虞的庖正，从而免除了浇对自己的危害。有虞国君姚思将两个女儿嫁给他，封他于纶邑，有土地方圆十里，有百姓五百人。少康能广布恩德，并开始实施他的计划，召集夏朝的遗民，安抚他们，给他们官做。派女艾侦察浇的情况，派儿子季杼引诱浇的兄弟豷，于是灭掉了过、戈二国，恢复了夏禹的功业，重新奉祀夏朝的祖先，配享天帝，没有丧失旧日的典章制度。现在吴国不如过国，越国却比少康强大。上天如果要使它强盛起来，那时不就难办了吗？勾践能够亲近臣下，着力施恩，施恩就不会丧失民心，亲近人民就不会忽视有功劳的人。越国与我们同在一块土地上，而世代为仇敌。在这个时候战胜了而不夺取过来，却要保存它，违背天意而助长敌寇，以后即使后悔这件事，也吃不消了。我们姬姓国家的衰败，是指日可待了。我国处在蛮夷之间，而助长敌寇，以此求取霸业,必然是行不通的。"

【原文】
　　弗听。退而告人曰:"越十年生聚,而十年教训,二十年之外,吴其为沼乎!"

【译文】
　　吴王不听。伍员退下,告诉别人说:"越国用十年生养积累,再用十年教育训练,二十年之后,吴国宫室恐怕会沦为池沼啊!"

召公谏厉王止谤

《国语》

【原文】

厉王虐①,国人谤王。召公告王曰②:"民不堪命矣!"王怒,得卫巫③,使监谤者。以告,则杀之。国人莫敢言,道路以目。

【注释】

①厉王:指周厉王,公元前878年至公元前841年在位。
②召(shào)公:姬姓名虎,谥号召公。周厉王的卿士。
③卫巫:卫国侍奉鬼神的巫师。

【译文】

周厉王暴虐无道,国人都咒骂他。召公对厉王说:"百姓已经忍受不了你的政令了!"厉王暴怒,于是找来一个卫国巫人,让他监视那些咒骂厉王的人。只要巫人报告,被告发者都要被厉王杀掉。于是,国人都不敢再说话了,走在路上遇到熟人,只相互交换眼色。

【原文】

王喜,告召公曰:"吾能弭谤矣①,乃不敢言。"召公曰:"是障之也②。防民之口,甚于防川。川壅而溃,伤人必多,民亦如之。是故为川者,决之使导;为民者,宣之使言。故天子听政,使公卿至于列士献诗③,瞽献典④,史献书⑤,师箴⑥,瞍赋⑦,矇诵⑧,百工谏⑨,庶人传语,近臣尽规,亲戚补察,瞽、史教诲,耆、艾修之⑩,而后王斟酌焉,是以事行而不悖。民之有口也,犹土之有山川也,财用于是乎出;犹其有原隰衍沃也⑪,衣食于是乎生。口之宣言也,善败于是乎兴;行善而备败,其所以阜财用衣食者也。夫民虑之于心而宣之于口,成而行之,胡可壅也?若壅其口,其与能几何?"

【注释】

①弭(mǐ):消除。

②障:阻塞。

③公卿至于列士:周朝的职官分为公、卿、大夫、士四级。士有上士、中士、下士,因此称"列士"。

④瞽(gǔ):盲人。古代乐师多由盲人充当。典:乐曲。

⑤史:史官。

⑥师箴(zhēn):少师献上箴言。师,少师,一种乐官。箴,箴言。

⑦瞍(sǒu):没有瞳仁的盲人。

⑧矇:有瞳仁而看不见的盲人。

⑨百工:各类工匠。

⑩耆、艾:年高有德行的人。

⑪原:高且平坦的土地。隰(xí):地势低而潮湿的洼地。衍:低而平坦的土地。沃:肥沃的土地。

【译文】

看到这种情况,厉王非常得意,告诉召公说:"我能制止百姓对我的咒骂了,他们都不敢说话了!"召公说:"这是堵塞了他们的嘴啊!堵住百姓的嘴,比堵塞河水还危险。河水被堵住之后,一旦决口,就会伤害很多人,堵住百姓的嘴也一样啊!因此,治水的人应该懂得疏导河水;治民的人就应该懂得引导百姓敢于说话。所以,天子处理国家大事,让公卿大夫直到士人都敢于献诗讽谏,乐官敢于献乐曲,史官敢于献史籍,少师敢于献箴言,瞍者敢于朗诵,矇者敢于吟唱,各色工匠勇于进谏,百姓的意见能传达给天子,近臣能尽心规劝,宗亲们能补救天子的过失,乐官和史官能通过所献的诗书教导天子,年老德高的人时常劝诫,最后,天子仔细斟酌决裁,这样政事施行起来就不会违背道理了。百姓有口,就像土地有高山大河一样,财物和器用都是从这里出产的;又像那高原、洼地、平原和肥沃的土地一样,衣服粮食都是从这里产出来的。百姓用嘴发表意见,国家政事的好坏才能由此反映出来。实施百姓赞成的,防备百姓反对的,这才是增加财富和衣食的办法啊!百姓在心中考虑,然后用嘴说出来,成熟之后就自然流露出来,这怎么能堵塞呢?如果堵住他们的嘴,又有多少人追随您呢?"

【原文】

　　王弗听,于是国人莫敢出言。三年,乃流王于彘[①]。

【注释】

　　①彘(zhì):在今山西霍州。

【译文】

　　厉王不听,国人都不敢说话。三年之后,厉王就被国人放逐到彘地了。

申胥谏许越成

《国语》

【原文】

吴王夫差乃告诸大夫曰:"孤将有大志于齐①,吾将许越成,而无拂吾虑②。若越既改,吾又何求?若其不改,反行③,吾振旅焉④。"

【注释】

①有大志于齐:指要攻打齐国,北上称霸。
②而:你们。拂:违背。
③反:同"返",指伐齐回来。
④振旅:整顿军队。

【译文】

吴王夫差于是对他的大夫们说:"我将要对齐国采取一项宏大的计划,因此想接受这次越国的求和,希望你们不要违背我的意愿。如果越王能够改正,我又有什么可要求的呢?如果他不悔改,等我回来,再整治军队去攻打他。"

【原文】

申胥谏曰①:"不可许也。夫越,非实忠心好吴也,又非慑畏吾甲兵之强也②。大夫种勇而善谋,将还玩吴国于股掌之上③,以得其志。夫固知君王之盖威以好胜也,故婉约其辞,以从逸王志,使淫乐于诸夏之国,以自伤也。使吾甲兵钝弊,民人离落,而日以憔悴,然后安受吾烬。夫越王好信以爱民,四方归之,年谷时熟,日长炎炎。及吾犹可以战也,为虺弗摧④,为蛇将若何?"

【注释】

①申胥:即伍子胥,名伍员,楚国人,逃到吴国,吴王将他封在申地,因此又称申胥。

②慑(shè)畏:恐惧。

③还(xuán)玩:玩弄。还,同"旋"。

④虺(huǐ):未长大的蛇。

【译文】

申胥劝阻说:"不可以答应越国的求和。越王并不是真心要和吴国修好,也不是害怕我吴国武力的强大。越国大夫文种英勇且足智多谋,将会把我们吴国玩弄于股掌之中,以达成越国的心愿。他本来知道吴王崇尚武力,争强好胜,便故意用委婉的言辞诱惑您,使您放纵自己的意志,进攻中原各诸侯国,在中原贪图逸乐,最后损伤自己。他们想使我们军队疲惫,武器损耗,人民背叛,国家越来越困苦,最后再来安然地接收我们的残局。越王为人诚信而且爱护百姓,各地的百姓都归附他,年年五谷丰登,国力日益强大。趁现在我们能消灭它时消灭它。还是小蛇的时候,不把它打死,等长成大蛇之后,又该怎么办呢?"

【原文】

吴王曰:"大夫奚隆于越①?越曾足以为大虞乎?若无越,则吾何以春、秋曜吾军士②?"乃许之成。将盟,越王又使诸稽郢辞曰③:"以盟为有益乎?前盟口血未干,足以结信矣。以盟为无益乎?君王舍甲兵之威以临使之,而胡重于鬼神而自轻也?"吴王乃许之,荒成不盟④。

【注释】

①隆:重视。

②曜:同"耀",光耀、炫耀。

③辞:谢绝。

④荒:虚空,荒废。

【译文】

吴王说:"大夫为什么如此重视越国呢?越国值得这样忧虑吗?倘若没有越国,那么在春、秋两季检阅军队的时候,我又到什么地方炫耀武力呢?"吴王于是答应了越国讲和的要求。将要举行盟誓的时候,越王又派诸稽郢推辞说:"您认为盟誓就是有益的事情吗?上次盟誓尚在,留在嘴边的口血还没有干,那次盟誓就足以表示结成信义的行动了!您认为盟誓是没有意义的事情吗?那么,您就可以放弃武力,来亲自役使我们,何必要重视鬼神而轻视自己呢?"吴王赞同他们的意见,于是仅仅在口头上讲和,而没有举行盟誓。

苏秦以连横说秦

《战国策》

【原文】

苏秦始将连横说秦惠王①,曰:"大王之国,西有巴、蜀、汉中之利,北有胡貉、代马之用,南有巫山、黔中之限,东有殽、函之固。田肥美,民殷富,战车万乘,奋击百万,沃野千里,蓄积饶多,地势形便,此所谓天府,天下之雄国也。以大王之贤,士民之众,车骑之用,兵法之教,可以并诸侯,吞天下,称帝而治。愿大王少留意,臣请奏其效。"

【注释】

①苏秦:字季子,战国时东周洛阳人。连横:西方的秦国与太行山以东的个别国家联合起来,以打击其他国家。这是一种分化六国,使之服从秦国的策略,与主张东方六国联合抗秦的策略"合纵"相对。秦惠王:即秦惠文王,名驷,公元前337年至公元前311年在位。

【译文】

苏秦起初用连横的策略游说秦惠王,说:"大王的国家,西有巴蜀、汉中的优势,北有胡貉代马可以使用,南有巫山、黔中的险阻,东有崤山、函谷关的坚固关塞。田地肥沃,百姓富足,战车万辆,勇猛的兵士数百万。千里沃野上有多种出产,储备充足,地理形势险要,可攻可守,这真是所说的天府之国,天下的强国啊。以大王的英明贤能,兵士百姓的众多,车辆马匹的功用,兵法的演练,可以兼并诸侯,统一天下,称帝治理天下。希望大王稍加注意,允许我陈述连横所达到的功效。"

【原文】

秦王曰:"寡人闻之:毛羽不丰满者,不可以高飞;文章不成者,不可以诛罚;道德不厚者,不可以使民;政教不顺者,不可以烦大臣。今先生俨然不远千里而庭教之,愿以异日①。"

【注释】

①愿以异日:愿意改日再听您的教诲。

【译文】

秦惠王说:"寡人听说,羽毛还没有长丰满,不可以高飞;法令还没有完备,不可以使用刑罚;道德修养还不够,不可以役使百姓;政治教化还不清明,不可以劳烦大臣。现在先生不远千里来到朝廷,郑重地赐教于我,我还是改日再听您的教诲吧!"

【原文】

苏秦曰:"臣固疑大王之不能用也。昔者神农伐补遂①,黄帝伐涿鹿而禽蚩尤②,尧伐驩兜③,舜伐三苗④,禹伐共工⑤,汤伐有夏⑥,文王伐崇⑦,武王伐纣⑧,齐桓任战而霸天下。由此观之,恶有不战者乎?古者使车毂击驰,言语相结,天下为一。约从连横⑨,兵革不藏;文士并饬,诸侯乱惑;万端俱起,不可胜理;科条既备,民多伪态;书策稠浊,百姓不足;上下相愁,民无所聊;

明言章理,兵甲愈起;辩言伟服,战攻不息;繁称文辞,天下不治;舌敝耳聋,不见成功;行义约信,天下不亲。于是乃废文任武,厚养死士,缀甲厉兵,效胜于战场。夫徒处而致利,安坐而广地,虽古五帝、三王、五霸,明主贤君,常欲坐而致之,其势不能,故以战续之。宽则两军相攻,迫则杖戟相撞,然后可建大功。是故兵胜于外,义强于内;威立于上,民服于下。今欲并天下,凌万乘,诎敌国⑩,制海内,子元元⑪,臣诸侯,非兵不可。今之嗣主,忽于至道,皆惛于教,乱于治,迷于言,惑于语,沉于辩,溺于辞。以此论之,王固不能行也。"

【注释】

①补遂:古国名。

②涿鹿:山名,在今河北涿鹿东南。蚩尤:传说中的九黎部落首领,与黄帝交战,兵败被杀。

③驩(huān)兜:尧的臣下,因作乱而被放逐。

④三苗:古代部落名,也称苗、有苗。分布在今河南南部到洞庭湖、江西鄱阳一带,传说舜迁有苗至今甘肃敦煌一带。

⑤共工:尧舜时的水官,据说很残暴,历史上称之为恶人。

⑥有夏:夏朝。此指夏桀。有,词头,无实义。

⑦文王:即姬昌。崇:商代的一个小国名。这里指助纣为恶的崇侯虎。

⑧武王:周的开国君主,文王之子。

⑨约从(zòng):即合纵。从,同"纵"。

⑩诎:同"屈",使屈服。

⑪子元元:以百姓为自己的儿子。这里是治理的意思。子,以……为儿子。元元,百姓。

【译文】

　　苏秦说:"臣本来就怀疑大王不会采用我的主张。从前,神农氏讨伐补遂,黄帝用兵涿鹿擒拿蚩尤,唐尧讨伐驩兜,虞舜讨伐三苗,夏禹讨伐共工,商汤讨伐夏桀,周文王讨伐崇侯虎,周武王讨伐商纣,齐桓公发动战争而称霸诸侯。从这些情况看来,哪有不发动战争的呢?古时候,各国使者相互走访,车毂不绝,用言语结交,使天下连成一体。但自从合纵连横之说兴起,战争从此连绵不息;文人辩士都花言巧语,诸侯被他们游说得眼花缭乱;各种事情都发生了,根本理不清楚。法令条规越完善,百姓对付的办法就越多;文书典章越复杂,百姓越穷困;上上下下都发愁,百姓失去依靠;言论和道理说得越多,战争越是频繁。逞口才、穿盛装的辩士越多,战争就越发不能停息;旁征博引的文辞越多,天下越难治理;讲的人舌头讲累了,听的人耳朵听聋了,却看不见成效;实行道义,提倡信用,天下反而越发不能和睦相处。于是废除文治,崇尚武力,用优厚的报酬收养敢死之士,制好战衣,磨快兵器,要在战场上取胜。如果无所事事,就希望得到利益,安坐不动却能扩充土地,即使是古代的五帝、三王、五霸和贤明的君主,在那种形势之下也是很难做到的。所以,一切都要用战争去解决。两军距离远就互相用战车攻击,距离近就用兵器互相拼杀,这样才可以建立伟大的功业。因此,军队能在外打胜仗,国家由于实行仁政而强大;声威在上面树立了,下面的百姓就会服从。如今想要兼并天下,凌驾在大国之上,征服敌国,控制海内,治理万民,使诸侯臣服,非动用武力不可。当今继位的君主,忽视这个最重要的道理,都昏于教化,政治混乱,被花言巧语者所迷惑,陷于繁琐的言辞之中而不能自拔。如此说来,大王本身就不可能采纳我的主张。"

【原文】

　　说秦王书十上,而说不行。黑貂之裘敝,黄金百斤尽,资用乏绝,去秦而归。嬴縢履屩①,负书担囊,形容枯槁,面目犁黑②,状有愧色。归至家,妻不下纴③,嫂不为炊,父母不与言。苏秦喟然叹曰:"妻不以我为夫,嫂不以我为叔,父母不以我为子,是皆秦之罪也!"乃夜发书,陈箧数十,得太公《阴符》之谋④,伏而诵之,简练以为揣摩。读书欲睡,引锥自刺其股,血流至足。曰:"安有说人主不能出其金玉锦绣,取卿相之尊者乎?"期年,揣摩成,曰:"此真可以说当世之君矣!"

【注释】

①羸(léi)縢(téng)履蹻(juē):裹着绑腿,穿着草鞋。
②犁黑:黄黑色。
③纴(rèn):织布机。
④太公《阴符》:指姜太公的兵法《阴符经》。

【译文】

苏秦一连向秦王献奏章十次,可是秦王始终没有采纳他的主张。黑貂皮裘穿破了,带的百斤黄金也花完了,钱财也用尽了,他离开秦国回家。他裹着绑腿,穿着草鞋,背着书籍,挑着行李,面容憔悴,脸色又黑又黄,显出惭愧的神情。回到家里,妻子不下织布机,嫂子不为他做饭,父母也不跟他讲话。苏秦长叹一声说:"妻子不认我为丈夫,嫂子不认我为小叔子,父母不认我为儿子,这都是我苏秦的罪过啊!"于是,他连夜翻出书籍,打开几十只书箱,找到了姜太公的《阴符经》,伏案诵读,选择重点的熟记,并反复地揣摩。读书疲倦,想睡觉的时候,就用铁锥扎自己的大腿,鲜血一直流到脚底。他说:"哪有去游说君主,不能使君主拿出金玉锦绣,获得卿相尊位的呢?"过了一年,他揣摩透了,说:"这回可以真正说服当今君主了!"

【原文】

于是乃摩燕乌集阙①,见说赵王于华屋之下②,抵掌而谈。赵王大说,封为武安君,受相印,革车百乘,锦绣千纯,白璧百双,黄金万镒③,以随其后。约从散横,以抑强秦。故苏秦相于赵,而关不通。

【注释】

①摩燕乌集阙:走近宫殿前。摩,走近。燕乌集阙,宫殿名。
②赵王:指赵肃侯。
③镒(yì):黄金二十两为一镒。

【译文】

于是,苏秦走到燕乌集阙,在华丽的宫殿游说赵肃王,对赵王拍着手谈论起来。赵王非常高兴,封他为武安君,授予相印,又赐给他兵车百辆,锦缎千匹,白玉璧百双,黄金二十万两,运载着走在他的后面,以便联合六国,瓦解连横的盟约,以抑制强大的秦国。所以,苏秦在赵国为相,秦国通过函谷关与中原诸侯的联系就断绝了。

【原文】

当此之时,天下之大,万民之众,王侯之威,谋臣之权,皆欲决于苏秦之策。不费斗粮,未烦一兵,未战一士,未绝一弦,未折一矢,诸侯相亲,贤于兄弟。夫贤人任而天下服,一人用而天下从。故曰:式于政①,不式于勇;式于廊庙之内,不式于四境之外。当秦之隆,黄金万镒为用,转毂连骑,炫煌于道②,山东之国,从风而服,使赵大重。

【注释】

①式:使用。
②炫煌(xuàn huáng):闪耀。煌,通"熿"。

【译文】

　　这个时候,天下这么大,百姓这么多,王侯的威风,谋臣的权术,都取决于苏秦的策略。不浪费一斗粮食,没有动用一件兵器,没有派遣一个兵士,没有断一张弦,没有折断一支箭,六国诸侯之间便相互友善,比亲兄弟还亲。真是任用贤人,天下就会信服;一个受重用,天下的诸侯都服从。所以,要用政治,而不要用武力;要用在朝廷上,而不要用在边境之外。当苏秦最得意的时候,有二十万两黄金供他支配,车马交错,炫耀地走在大路上。崤山以东的诸侯国,都顺着这种气势而表示服从,使赵国的国威大振。

【原文】

　　且夫苏秦特穷巷掘门①、桑户棬枢之士耳②,伏轼撙衔③,横历天下,庭说诸侯之主,杜左右之口,天下莫之伉④。

【注释】

①掘门:掘墙为门。
②桑户:用桑树做的门。棬(quān)枢:用弯曲的树枝做门轴。
③撙(zǔn)衔:拉着马缰绳。
④伉:同"抗",匹敌。

【译文】

　　原先苏秦只不过是一个居住在穷街陋巷、低门陋户的士人,但他却能伏在车横木上,牵着马缰绳周游天下,在朝廷上游说各国君主,国君左右的近臣都被辩得哑口无言,天下没有一个人能和他相匹敌。

【原文】

　　将说楚王,路过洛阳。父母闻之,清宫除道,张乐设饮,郊迎三十里;妻侧目而视,侧耳而听;嫂蛇行匍伏,四拜自跪而谢。苏秦曰:"嫂,何前倨而后卑也?"嫂曰:"以季子之位尊而多金。"苏秦曰:"嗟乎!贫穷则父母不子,富贵则亲戚畏惧,人生世上,势位富贵,盖可以忽乎哉!"

【译文】

苏秦将要去楚国游说,路过洛阳,他的父母听说这个消息之后,便打扫房屋,清扫道路,敲锣打鼓,备办酒席,到三十里之外的郊野去迎接他。他的妻子不敢正面看他,侧着耳朵听他说话;他的嫂子则像蛇一样匍匐前行,跪在地上,向苏秦道歉谢罪。苏秦说:"嫂子,为什么你以前那么傲慢,而现在这样谦卑了呢?"嫂子说:"因为你现在地位很高贵,而且有很多黄金。"苏秦感叹:"唉!人贫穷失意的时候,父母都不把自己当作儿子,有钱有势的时候,连亲戚都畏惧。人生在世,权势地位荣华富贵,哪一样能够忽视啊!"

邹忌讽齐王纳谏

《战国策》

【原文】

邹忌修八尺有余①,而形貌昳丽②。朝服衣冠,窥镜,谓其妻曰:"我孰与城北徐公美?"其妻曰:"君美甚,徐公何能及君也!"城北徐公,齐国之美丽者也。忌不自信,而复问其妾曰:"吾孰与徐公美?"妾曰:"徐公何能及君也!"旦日,客从外来,与坐谈,问之:"吾与徐公孰美?"客曰:"徐公不若君之美也!"明日,徐公来。熟视之,自以为不如;窥镜而自视,又弗如远甚。暮,寝而思之,曰:"吾妻之美我者,私我也③;妾之美我者,畏我也;客之美我者,欲有求于我也。"

【注释】

①邹忌:战国时齐国人,齐威王相,辅佐威王改革齐国政治。
②昳(yì)丽:潇洒漂亮,有风度。
③私:偏爱。

【译文】

邹忌身高八尺有余,容貌潇洒漂亮。早晨穿上朝服,戴上帽子,朝着镜子打量自己,对妻子说:"我跟城北的徐公相比,谁漂亮?"妻子说:"您太漂亮了,城北徐公哪能跟您比啊?"城北徐公是齐国有名的美男子。邹忌不相信自己比徐公漂亮，于是又问他的侍妾："我跟徐公比，谁漂亮？"侍妾回答说："徐公哪里比得上您呢？"第二天，有客人从外地来，邹忌与他坐着交谈，邹忌问客人："我和徐公谁漂亮？"客人说："徐公不如您漂亮啊！"过了一天，徐公来了，邹忌仔细地看了徐公，认为自己根本不如徐公漂亮；对着镜子看自己，更觉得比不上徐公。晚上，他躺在床上反复思考这件事情，说道："我的妻子说我漂亮，是偏爱我；我的侍妾说我漂亮，是畏惧我；客人说我漂亮，是有求于我。"

【原文】

于是入朝见威王，曰："臣诚知不如徐公美。臣之妻私臣，臣之妾畏臣，臣之客欲有求于臣，皆以美于徐公。今齐地方千里，百二十城，宫妇左右莫不私王，朝廷之臣莫不畏王，四境之内莫不有求于王。由此观之，王之蔽甚矣！"

【译义】

于是邹忌上朝去见齐威王，说："臣确实不如徐公漂亮。臣的妻子偏爱臣，臣的侍妾畏惧臣，臣的客人有求于臣，所以都说我比徐公漂亮。现在，齐国的领土方圆千里，有一百二十座城池，大王的妃嫔和左右侍从没有谁不偏爱大王，朝中的官吏没有谁不畏惧您，全国上下没有谁不有求于您。由此看来，大王受到的蒙蔽是很严重的。"

【原文】

王曰："善。"乃下令："群臣吏民能面刺寡人之过者，受上赏；上书谏寡人者，受中赏；能谤议于市朝，闻寡人之耳者，受下赏。"令初下，群臣进谏，门庭若市；数月之后，时时而间进；期年之后，虽欲言，无可进者。

燕、赵、韩、魏闻之,皆朝于齐。此所谓"战胜于朝廷"。

【译文】

齐威王说:"是啊!"于是下令:"群臣能当面指出我的过错的,授上等赏;能上书规劝的,授中等赏;如果在市场或朝廷上批评议论而传入我的耳中的,授下等赏。"命令刚下达,文武百官争着进谏,王宫像集市一样热闹。几个月之后,要隔一段时间才断断续续有人进谏。一年以后,有人即使想说什么,也没有可说的了。燕国、赵国、韩国和魏国听说了以后,都来朝见齐国。这就是人们所说的"治理好自己的朝政就可战胜诸侯了"。

冯谖客孟尝君

《战国策》

【原文】

齐人有冯谖者①,贫乏不能自存,使人属孟尝君②,愿寄食门下。孟尝君曰:"客何好?"曰:"客无好也。"曰:"客何能?"曰:"客无能也。"孟尝君笑而受之,曰:"诺。"

【注释】

①冯谖(xuān):孟尝君的食客,又作"冯骥"或"冯煖"。
②孟尝君:姓田,名文,齐国相,封在薛地,门下有食客数千人。

【译文】

齐国有个叫冯谖的人,穷困潦倒而不能养活自己,托人请求孟尝君,愿意在他的门下做食客。孟尝君说:"客人有什么爱好?"冯谖说:"没有什么爱好。"孟尝君又问:"客人能够做什么呢?"冯谖回答说:"不能做什么。"孟尝君笑着接受了他的请求,说:"好吧。"

【原文】

左右以君贱之也,食以草具①。居有顷,倚柱弹其剑,歌曰:"长铗归来乎②!食无鱼。"左右以告。孟尝君曰:"食之比门下之客。"居有顷,复弹其铗,歌曰:

"长铗归来乎！出无车。"左右皆笑之,以告。孟尝君曰:"为之驾,比门下之车客。"于是乘其车,揭其剑,过其友曰:"孟尝君客我。"后有顷,复弹其剑铗,歌曰:"长铗归来乎！无以为家。"左右皆恶之,以为贪而不知足。孟尝君问:"冯公有亲乎？"对曰:"有老母。"孟尝君使人给其食用,无使乏。于是冯谖不复歌。

【注释】

①草具:粗劣的食物。
②铗(jiá):剑把。这里指长剑。

【译文】

孟尝君的随从都认为主人看不起冯谖,便拿些粗劣的食物给他吃。住了一段时间以后,冯谖靠着柱子弹着他的长剑唱道:"长剑啊,我们回去吧,吃饭没有鱼。"左右的人把这事告诉给孟尝君。孟尝君说:"给他鱼吃,像对一般门客一样。"过了一段时间,冯谖又弹着长剑唱道:"长剑啊,我们回去吧,出门没有车。"左右的人都笑他,把这件事告诉给孟尝君。孟尝君说:"给他车坐,像其他门下车客一样。"于是冯谖坐着车,高举着长剑,去拜访他的朋友,说:"孟尝君把我当作客人了！"过了不久,他又弹着长剑唱道:"长剑啊,我们回去吧,没有钱养活家人。"左右的人都非常讨厌他,认为他贪得无厌。孟尝君问道:"冯公还有什么亲人吗？"冯谖回答说:"有个老母亲。"孟尝君派人送给冯母吃的用的东西,不让她感到短缺什么。这样,冯谖不再唱歌了。

【原文】

后孟尝君出记,问门下诸客:"谁习计会,能为文收责于薛者乎？"冯谖署曰:"能。"孟尝君怪之,曰:"此谁也？"左右曰:"乃歌夫'长铗归来'者也！"孟尝君笑曰:

"客果有能也！吾负之，未尝见也。"请而见之，谢曰："文倦于事，愦于忧，而性懧愚，沉于国家之事，开罪于先生。先生不羞，乃有意欲为收责于薛乎？"冯谖曰："愿之。"于是约车治装，载券契而行，辞曰："责毕收，以何市而反？"孟尝君曰："视吾家所寡有者。"

【译文】

后来，孟尝君出了个通告，询问府中的门客："有谁懂得算账理财，能够为我到薛地收债呢？"冯谖签名说："我可以。"孟尝君感到奇怪，问："这是谁啊？"左右的人说："这就是唱'长铗归来'的人！"孟尝君笑着说："客人果然有才能，我对不起他，还没有见他一面呢！"于是就请他来相见，谢罪说："我被政务弄得疲惫不堪，心烦意乱，而我天性懧弱愚笨，完全淹没在国家事务中，得罪了先生。先生不以为羞耻，还愿意为我到薛地收债吗？"冯谖说："愿意。"于是，准备车辆，收拾行装，运载着契约去收债。临行的时候，冯谖问："收完债之后，买些什么东西回来呢？"孟尝君说："你就看我家里缺少什么就买什么吧！"

【原文】

　　驱而之薛，使吏召诸民当偿者，悉来合券。券遍合，起矫命，以责赐诸民，因烧其券，民称万岁。

【译文】

　　冯谖驱车到达薛地之后，让地方官将有债务需要偿还的百姓召集起来，前来核对债券。债券全部核对之后，他站起来，假传孟尝君的命令，把债款都赐给老百姓，焚烧那些债券，百姓都高呼万岁。

【原文】

　　长驱到齐，晨而求见。孟尝君怪其疾也，衣冠而见之,曰:"责毕收乎?来何疾也?"曰:"收毕矣。""以何市而反?"冯谖曰:"君云'视吾家所寡有者',臣窃计,君宫中积珍宝,狗马实外厩①,美人充下陈②,君家所寡有者,以义耳。窃以为君市义。"孟尝君曰:"市义奈何?"曰:"今君有区区之薛,不拊爱子其民,因而贾利之。臣窃矫君命,以责赐诸民,因烧其券,民称万岁,乃臣所以为君市义也。"孟尝君不说,曰:"诺。先生休矣!"

【注释】

① 外厩(jiù):宫外的牲口棚。
② 下陈:台阶的下面。

【译文】

冯谖径直驱车回到齐国都城,一大清早就去求见孟尝君。孟尝君对他这么快完成任务感到很奇怪,便穿好衣服,戴好帽子,问道:"债都收完了吗?怎么这么快就回来了?"冯谖回答说:"收完了!""买了些什么带回来了呢?"冯谖说:"您说'看我家里缺少什么就买什么',我私下考虑,您府中堆满了珍宝,狗马挤满了宫外的马厩,台阶下站满了美女,您家里缺少的只是'义'罢了。因此我给您买回了'义'。"孟尝君问:"买'义'是怎么回事?"冯谖说:"现在您只有个小小的薛地,没有抚爱养育那里的百姓,反而用商贾的手段向他们收取高额的利息。我假托您的命令,把债全部赏给那些百姓,我烧掉了所有的债券,百姓欢呼万岁,这就是我给您买的'义'啊!"孟尝君听完后,很不高兴,说:"好吧,先生,算了吧!"

【原文】

后期年,齐王谓孟尝君曰:"寡人不敢以先王之臣为臣。"孟尝君就国于薛。未至百里,民扶老携幼,迎君道中。孟尝君顾谓冯谖："先生所为文市义者,乃今日见之!"

【译文】

　　过了一年,齐王对孟尝君说:"寡人不敢把先王的臣子当作自己的臣子了!"孟尝君只好回到自己的封地薛地。离薛地还有一百里,老百姓扶老携幼,在路旁迎接他。孟尝君回头对冯谖说:"先生为我所买的'义',现在才看到啊!"

【原文】

　　冯谖曰:"狡兔有三窟,仅得免其死耳!今君有一窟,未得高枕而卧也。请为君复凿二窟。"孟尝君予车五十乘,金五百斤,西游于梁。谓梁王曰:"齐放其大臣孟尝君于诸侯,先迎之者,富而兵强。"于是,梁王虚上位,以故相为上将军,遣使者,黄金千斤,车百乘,往聘孟尝君。冯谖先驱,诚孟尝君曰:"千金,重币也;百乘,显使也。齐其闻之矣。"梁使三反,孟尝君固辞不往也。

【译文】

　　冯谖说:"聪明的兔子有三个洞穴,可以避免死。现在您只有一个洞穴,还不能垫高枕头睡觉。请让我为您再凿两个洞穴吧!"孟尝君给他五十辆车,五百两黄金,往西方去游说梁国。冯谖对梁惠王说:"齐王把他的大臣孟尝君放逐到诸侯国了,首先迎接他的国家就能够国富兵强。"于是梁惠王空出相位,将原来的丞相调为上将军,派使者带了千斤黄金,赶着百辆马车去薛城聘请孟尝君。冯谖先驱车回到薛地,告诫孟尝君说:"千斤黄金,是一份厚重的聘礼;出动百辆车子,是显赫的使者。齐国大概已经听到这个消息了。"梁国的使者往返多次,孟尝君坚决推辞不去。

【原文】

　　齐王闻之,君臣恐惧。遣太傅赍黄金千斤①,文车二驷,服剑一,封书谢孟尝君曰:"寡人不祥,被于宗庙之祟②,沉于谄谀之臣,开罪于君! 寡人不足为也,愿君顾先王之宗庙,姑返国统万人乎!"冯谖诫孟尝君曰:"愿请先王之祭器,立宗庙于薛!"庙成,还报孟尝君曰:"三窟已就,君姑高枕为乐矣。"

【注释】

①赍(jī):持有,携带。
②祟(suì):灾祸。

【译文】

　　齐王听到这个消息,君臣上下极为恐慌。于是派遣太傅携带黄金千斤、华丽的车子两辆、佩剑一把,并写信向孟尝君表示歉意,信中说:"寡人运势不好,遭受祖宗降下的灾祸,偏信了阿谀奉承之辈的谗言,得罪了您! 寡人是不值得您辅佐了,希望您能顾念先王的宗庙,暂且回到朝廷,治理老百姓吧!"冯谖告诫孟尝君说:"希望您向齐王请求得到先王的祭器,在薛地建立宗庙!"宗庙建成之后,冯谖回去向孟尝君说:"三窟已经凿成了,您可以垫高枕头,过快乐的日子了!"

【原文】

　　孟尝君为相数十年,无纤介之祸者,冯谖之计也。

【译文】

　　孟尝君担任齐国的丞相几十年,没有遭遇丝毫灾祸,这都是冯谖的计谋啊!

触龙说赵太后

《战国策》

【原文】

赵太后新用事①,秦急攻之。赵氏求救于齐。齐曰:"必以长安君为质②,兵乃出。"太后不肯,大臣强谏。太后明谓左右:"有复言令长安君为质者,老妇必唾其面!"

【注释】

①赵太后:赵威后,惠文王之妻,孝成王之母。用事:执政,当权。
②长安君:赵太后幼子的封号。质:人质。

【译文】

赵太后刚掌权,秦国就猛烈进攻赵国。赵国向齐国求救。齐国说:"必须用长安君作为人质,才出兵。"赵太后不同意,大臣极力劝谏。太后公开对左右侍奉的人说:"有再说让长安君做人质的,我老太婆一定朝他的脸上吐唾沫!"

【原文】

左师触龙愿见①。太后盛气而揖之②。入而徐趋③,至而自谢曰:"老臣病足,曾不能疾走④,不得见久矣,窃自恕,恐太后玉体之有所郄也⑤,故愿望见。"太后曰:"老妇恃辇而行。"曰:"日食饮得无衰乎?"曰:"恃鬻耳⑥。"曰:"老臣今者殊不欲食,乃自强步,日三四里,少益嗜食,和于身。"曰:"老妇不能。"太后之色少解。

【注释】

①左师:官名。触龙:一作"触詟"。《史记·赵世家》及长沙马王堆汉墓出土战国纵横家帛书中均作"触龙"。

②揖:《史记·赵世家》中作"胥",胥为等待之意。

③趋:快步走。

④曾:竟然。

⑤郄(xì):不舒适。

⑥鬻:同"粥"。

【译文】

左师触龙说希望谒见太后。太后怒容满面地等待他。触龙进来后以快步走的样子慢慢迈着小碎步,到了太后跟前请罪说:"老臣脚有病,已经丧失了快步跑的能力,好久没能来谒见了,只好私下里宽恕自己,可是怕太后玉体欠安,所以很想来看看太后。"太后说:"我老太婆行动全靠辇车。"触龙说:"每天的饮食该不会减少吧?"太后说:"就靠喝点粥罢了。"触龙说:"老臣现在胃口很不好,就自己勉强着步行,每天走三四里,稍为增进一点食欲,调养一下身体。"太后说:"我老太婆做不到。"太后的脸色稍微和缓些了。

【原文】

左师公曰:"老臣贱息舒祺①,最少,不肖。而臣衰,窃爱怜之,愿令补黑衣之数②,以卫王宫。没死以闻③!"太后曰:"敬诺。年几何矣?"对曰:"十五岁矣。

虽少,愿及未填沟壑而托之④。"太后曰:"丈夫亦爱怜其少子乎?"对曰:"甚于妇人。"太后曰:"妇人异甚。"对曰:"老臣窃以为媪之爱燕后⑤,贤于长安君。"曰:"君过矣,不若长安君之甚!"

【注释】

①贱息:对自己儿子的谦称。
②黑衣:赵国侍卫穿黑衣,因此用"黑衣"指代宫廷卫士。
③没死:冒死。
④填沟壑:"死"的比喻说法。
⑤燕后:赵太后之女,远嫁燕国为后。

【译文】

左师公说:"老臣的劣子舒祺,年纪最小,不成才。但臣老了,心里很爱怜他,希望能让他充当侍卫,来保卫王宫。所以冒着死罪来禀告您。"太后说:"好的。年纪多大了?"回答说:"十五岁了。虽然还小,希望在老臣没死的时候先拜托给太后。"太后说:"男人也疼爱小儿子吗?"回答说:"比女人更爱。"太后说:"女人疼爱得特别厉害。"触龙说:"老臣私下认为您老人家爱女儿燕后,要胜过长安君。"太后说:"您错了,不如爱长安君那么深。"

【原文】

左师公曰:"父母之爱子,则为之计深远。媪之送燕后也,持其踵①,为之泣,念悲其远也,亦哀之矣。已行,非弗思也,祭祀必祝之,祝曰:'必勿使反②!'岂非计久长,有子孙相继为王也哉?"太后曰:"然。"

【注释】

①踵:脚后跟。

②反：同"返"。古代诸侯嫁女于他国为后，若非失宠被废、夫死无子或亡国失位，是不能回国的。

【译文】

左师公说："父母爱子女，就要为他们作长远打算。您老人家送燕后出嫁的时候，握着她的脚跟，为她哭泣，是惦念、悲伤她的远去，也是够伤心的了。送走以后，并不是不想念她，每逢祭祀一定为她祈祷，祈祷说：'一定别让她回来！'难道不是从长远考虑，希望她有子孙可以世世代代在燕国为王吗？"太后说："是这样。"

【原文】

左师公曰："今三世以前①，至于赵之为赵②，赵主之子孙侯者，其继有在者乎？"曰："无有。"曰："微独赵③，诸侯有在者乎？"曰："老妇不闻也。""此其近者祸及身，远者及其子孙。岂人主之子孙则必不善哉？位尊而无功，奉厚而无劳，而挟重器多也④。今媪尊长安君之位，而封以膏腴之地，多予之重器，而不及今令有功于国；一旦山陵崩⑤，长安君何以自托于赵？老臣以媪为长安君计短也，故以为其爱不若燕后。"太后曰："诺，恣君之所使之。"于是为长安君约车百乘，质于齐，齐兵乃出。

【注释】

①三世以前：指赵肃侯时。三世指武灵王、惠文王、孝成王三代。
②赵之为赵：前"赵"指赵氏，后"赵"指赵国。
③微独：不仅，不只。
④重器：指金玉珍宝等贵重物品。
⑤山陵崩：古代对君主之死的委婉说法。这里指赵威后死。

【译文】

左师公说:"从现在往上数三代,到赵氏建立赵国的时候,赵国君主的子孙被封侯的,他们的继承人还有保住封爵的吗?"太后说:"没有。"左师公说:"不只是赵国,其他诸侯国的子孙被封侯的,他们的继承人还有保住封爵的吗?"太后说:"我老太婆没听说过。"左师公说:"这就是他们近的灾祸落到自己身上,远的落到他们的子孙身上。难道是君王的子孙就一定不好吗?(只是因为他们)地位尊贵却没什么功勋,俸禄丰厚却未尝有劳绩,金玉珠宝却拥有很多。现在您老人家给长安君以尊贵的地位,把肥沃的土地封给他,又赐予他大量珍宝,却不趁现在让他为国家立功。有朝一日您去世了,长安君凭什么使自己在赵国安身立足呢?老臣认为您老人家为长安君考虑得太短浅了,所以我认为您爱他不如爱燕后。"太后说:"好吧,任凭您派遣他到什么地方去。"于是为长安君准备车一百辆,到齐国去作人质,齐国就出兵了。

【原文】

子义闻之[1],曰:"人主之子也,骨肉之亲也,犹不能恃无功之尊,无劳之奉,以守金玉之重也,而况人臣乎!"

【注释】

[1]子义:人名,赵国贤士。

【译文】

子义听到这件事,说:"君王的儿子,有着骨肉之亲,尚且不能依靠没有功勋的尊贵地位,没有劳绩的俸禄,来保有金、玉等贵重的东西,更何况做臣子的呢!"

鲁仲连义不帝秦

《战国策》

【原文】

秦围赵之邯郸。魏安釐王使将军晋鄙救赵①,畏秦,止于荡阴,不进。

【注释】

①魏安釐(xī)王:名圉(yǔ),公元前276年至前243年在位。晋鄙:魏国大将。

【译文】

秦国围困赵国都城邯郸。魏王派大将晋鄙去援救赵国,但魏王与晋鄙都畏惧秦军,所以魏军驻扎在魏、赵接壤的荡阴,不敢前进。

【原文】

魏王使客将军辛垣衍间入邯郸①,因平原君谓赵王曰:"秦所以急围赵者,前与齐闵王争强为帝,已而复归帝,以齐故②。今齐闵王益弱,方今唯秦雄天下,此非必贪邯郸,其意欲求为帝。赵诚发使尊秦昭王为帝,秦必喜,罢兵去。"平原君犹豫未有所决。

【注释】

①客将军:辛垣衍本非魏人而在魏做官,故称客将军。辛垣:复姓。

间入:从小路潜入。

②以齐故:秦昭王与齐闵王并称帝,不久,齐先取消帝号,秦也因此去掉自封的帝号。

【译文】

魏王又派客将军辛垣衍秘密潜入邯郸城,通过平原君对赵王说:"秦国之所以加紧围攻邯郸,是因为先前它与齐王互相争强称帝,不久,齐先取消帝号,秦国也取消了帝号。如今,齐国日渐衰弱,只有秦国能在诸侯之中称雄争霸。秦国不是为了贪图邯郸之地,其真正目的是想要称帝。如果赵国真能派遣使者尊崇秦昭王为帝,秦国肯定会很高兴,这样就会主动撤兵离开。"平原君一直很犹豫,没有做出决定。

【原文】

此时鲁仲连适游赵,会秦围赵。闻魏将欲令赵尊秦为帝,乃见平原君,曰:"事将奈何矣?"平原君曰:"胜也何敢言事①!百万之众折于外②,今又内围邯郸而不去。魏王使客将军辛垣衍令赵帝秦,今其人在是,胜也何敢言事!"鲁连曰:"始吾以君为天下之贤公子也,吾乃今然后知君非天下之贤公子也!梁客辛垣衍安在?吾请为君责而归之。"平原君曰:"胜请召而见之于先生。"

【注释】

①胜:平原君之名。平原君为赵孝成王之叔,时任赵相。

②百万之众折于外:指长平之战,秦坑赵降卒四十万。

【译文】

这个时候,鲁仲连恰巧到赵国游历,正碰上秦军围攻邯郸。他听说魏国想让赵国尊崇秦王为帝,就去见平原君,说:"事情现在怎样了?"平原君回答说："我赵胜现在还敢谈战事？赵国的百万大军战败于长平，秦军现在又深入赵国，围困邯郸而不撤兵。魏王派客将军辛垣衍叫赵国尊秦为帝，现在辛将军就在邯郸，我还能说什么呢？"鲁仲连说："以前我一直以为您是天下的贤明公子，今天我才知道您并不是！魏国来的那位叫辛垣衍的客人在哪里？请让我为您当面去斥责他，让他回去。"平原君说："那我就把他叫来跟先生您见面吧！"

【原文】

平原君遂见辛垣衍，曰："东国有鲁连先生①，其人在此，胜请为绍介②，而见之于将军。"辛垣衍曰："吾闻鲁连先生，齐国之高士也。衍，人臣也，使事有职，吾不愿见鲁连先生也。"平原君曰："胜已泄之矣。"辛垣衍许诺。

【注释】

①东国：指齐国，因齐在东。
②绍介：介绍。

【译文】

平原君于是就去见辛垣衍，说："齐国有位鲁仲连先生，他现在正在这里，我把他介绍给您，让他来跟您见面。"辛垣衍说："我已听说过鲁仲连先生，他是齐国的高尚贤明之士。而我辛垣衍，魏王的臣子，此次出使是有自己的职责的，我不想见鲁仲连先生。"平原君说："我已经把您在这里的消息告诉他了。"辛垣衍只好答应了。

【原文】

鲁连见辛垣衍而无言。辛垣衍曰："吾视居此围城之中者，皆有求于平原君者也。今吾视先生之玉貌，非有求于平原君者,曷为久居此围城之中而不去也?"鲁连曰:"世以鲍焦无从容而死者①,皆非也。今众人不知,则为一身。彼秦,弃礼义、上首功之国也②。权使其士,虏使其民,彼则肆然而为帝,过而遂正于天下③,则连有赴东海而死耳,吾不忍为之民也!所为见将军者,欲以助赵也。"辛垣衍曰:"先生助之奈何?"鲁连曰:"吾将使梁及燕助之,齐、楚固助之矣。"辛垣衍曰:"燕则吾请以从矣;若乃梁,则吾乃梁人也,先生恶能使梁助之耶?"鲁连曰:"梁未睹秦称帝之害故也!使梁睹秦称帝之害,则必助赵矣。"辛垣衍曰:"秦称帝之害将奈何?"鲁仲连曰:"昔齐威王尝为仁义矣,率天下诸侯而朝周。周贫且微,诸侯莫朝,而齐独朝之。居岁余,周烈王崩,诸侯皆吊,齐后往,周怒,赴于齐曰④:'天崩地坼,天子下席⑤。东藩之臣田婴齐后至,则斫之⑥!'威王勃然怒曰:'叱嗟⑦!而母⑧,婢也!'卒为天下笑。故生则朝周,死则叱之,诚不忍其求也。彼天子固然,其无足怪!"

【注释】

①鲍焦:春秋时隐士,因不满时政,抱木饿死。

②上:同"尚",崇尚。首功:斩首之功。

③过:竟然。正:同"政",统治。

④赴:同"讣",报丧。

⑤天子下席:指天子寝于草席之上守丧。

⑥斫(zhuó):斩。

⑦叱嗟(chì jiē):怒斥声。

⑧而:同"尔",你。

【译文】

鲁仲连见到辛垣衍后并没有说话。辛垣衍说:"据我观察,居住在这个被围困的城中的人,都是有求于平原君的。可现在我观察先生的神情,不像是有求于平原君的人,为什么久留在这个围城之中而不离开呢?"鲁仲连说:"世上那些认为鲍焦是因为气量狭小而死的人,都是错误的。现在一般人不了解鲍焦的死因,认为他是为了自身利益而死的。那秦国,是一个抛弃了仁义礼制而崇尚杀敌斩首之功的国家。以权术驾驭臣下,像奴隶一样役使它的百姓。如果让秦国肆无忌惮地称了帝,然后再进一步以自己的政策号令天下,那么我鲁仲连只有跳东海自杀了,我不能容忍做它的百姓。我之所以要见将军,只是想对赵国有所帮助。"辛垣衍问:"先生怎样帮助赵国呢?"鲁仲连说:"我要让魏国和燕国发兵救赵,而齐国、楚国倒是本来就会帮助它的。"辛垣衍说:"燕国嘛,我倒是真的认为它会听从您的。至于魏国,我就是魏国人,先生怎么能使魏国帮助赵国呢?"鲁仲连回答:"那是因为魏国还没有看到秦国称帝的危害!如果让魏国了解了这一点,那么它一定会救助赵国的!"辛垣衍又问道:"秦国称帝究竟会有些什么危害呢?"鲁仲连说:"当初齐威王曾施行仁义,率领各诸侯去朝见周天子。当时的周王室又贫穷又衰弱,诸侯们都不去朝见,只有齐国朝见他。过了一年多时间,周烈王死了,各诸侯国都去吊丧,齐国去得晚了,周国很生气,在给齐国的讣告里说:'天子驾崩,如同天地塌陷,新天子都亲自守丧。而戍守卫东部边防的诸侯齐国的田婴竟敢迟到,按理应该杀掉才是。'齐威王勃然大怒,骂道:'呸!你妈也不过是个奴婢罢了。'结果成了天下的笑柄。齐威王之所以在周天子活着的时候去朝见他,死后却辱骂他,这实在是因为忍受不了周王室过分的苛求。做天子的,本来就如此,这并没有什么可大惊小怪的。"

【原文】

辛垣衍曰:"先生独未见夫仆乎?十人而从一人

者,宁力不胜、智不若邪?畏之也。"鲁仲连曰:"然梁之比于秦若仆耶?"辛垣衍曰:"然。"鲁仲连曰:"然则吾将使秦王烹醢梁王①!"辛垣衍怏然不说曰②:"嘻!亦太甚矣,先生之言也!先生又恶能使秦王烹醢梁王?"鲁仲连曰:"固也!待吾言之:昔者鬼侯、鄂侯、文王,纣之三公也。鬼侯有子而好③,故入之于纣,纣以为恶,醢鬼侯。鄂侯争之急,辨之疾,故脯鄂侯④。文王闻之,喟然而叹,故拘之于牖里之库百日⑤,而欲令之死。曷为与人俱称帝王,卒就脯醢之地也?

【注释】

①烹:下油锅。醢(hǎi):剁成肉酱。
②怏然:不高兴的样子。说:同"悦"。
③子:这里指女儿。好:长得漂亮。
④脯:把人杀死后做成肉干。
⑤牖(yǒu)里:也作"羑里",地名,在今河南汤阴北。库:监牢。

【译文】

辛垣衍说:"先生您难道没有见过奴仆吗?十个人跟随一个人,难道是因为他们的力量和智慧都敌不过吗?不,只是因为惧怕主人。"鲁仲连说:"这样说来,魏国和秦国的关系就像是仆人与主子的关系了?"辛垣衍回答:"是的。"鲁仲连说:"既然如此,那么我就可以让秦王把魏王烹煮、剁成肉酱!"辛垣衍很不高兴地说:"嘻!先生您的话太过分了,您又怎么能让秦王把魏王烹煮、剁成肉酱呢?"鲁仲连说:"当然可以!等我讲给您听:从前,鬼侯、鄂侯、文王三个人是商纣王的三公。鬼侯有个女儿很漂亮,所以就把她送进纣的后宫,纣却认为她丑陋,于是把鬼侯剁成肉酱。鄂侯因为此事极力为鬼侯辩护,所以被纣王杀死后制成了肉干。文王听说后长叹,纣王就把文王囚禁在牖里的监牢里一百天,还想把他置于死地。是什么原因使这些可以同别人一样称王称帝的人,最后却落到被人制成肉酱、肉干的下场呢?

【原文】

"齐闵王将之鲁,夷维子执策而从①,谓鲁人曰:'子将何以待吾君?'鲁人曰:'吾将以十太牢待子之君②。'夷维子曰:'子安取礼而来待吾君?彼吾君者,天子也。天子巡狩,诸侯避舍,纳笼键③,摄衽抱几,视膳于堂下。天子已食,退而听朝也。'鲁人投其籥④,不果纳,不得入于鲁。将之薛,假涂于邹⑤。当是时,邹君死,闵王欲入吊。夷维子谓邹之孤曰⑥:'天子吊,主人必将倍殡柩⑦,设北面于南方,然后天子南面吊也。'邹之群臣曰:'必若此,吾将伏剑而死。'故不敢入于邹。邹鲁之臣,生则不得事养,死则不得饭含⑧,然且欲行天子之礼于邹、鲁之臣,不果纳。今秦万乘之国,梁亦万乘之国,交有称王之名⑨。睹其一战而胜,欲从而帝之,是使三晋之大臣⑩,不如邹、鲁之仆妾也。

【注释】

①夷维子:人名。策:鞭子。
②太牢:牛、羊、猪各一,称太牢。十太牢表示最高的礼节。
③笼键:钥匙。笼,同"管",钥匙。
④籥(yuè):同"钥"。
⑤涂:同"途"。
⑥邹之孤:指邹国新君。
⑦倍:同"背",换成相反方向。
⑧饭含:古代殡礼,人死后把粟米放在口中叫"饭",把玉放在口中叫"含"。

⑨交有:互有。

⑩三晋:即赵、魏、韩三国。

【译文】

"齐闵王准备去鲁国,夷维子执鞭驾车随行,对鲁国人说:'你们打算用什么样的礼节款待我们的国君呢?'鲁国人回答:'我们准备用十太牢的规格来款待贵国国君。'夷维子说:'你们怎么能用这样的礼节来款待我们的国君呢?我们的国君是天子。天子巡视四方,各诸侯国君都要离开自己的宫室到别处避居,还要交出钥匙,自己提起衣襟,捧着几案,在堂下侍候天子吃饭。天子吃完饭,诸侯才能告退去处理政务。'鲁国人立刻锁门下匙,拒不接纳,齐闵王不能进入鲁国。齐闵王准备到薛地去,向邹国借路通行。恰巧在这个时候,邹国国君死了。齐闵王想入城吊丧,夷维子就对邹国的嗣君说:'天子来吊丧,主人一定要把灵柩移到相反的方向,从朝南移到朝北,然后让天子面向南祭吊。'邹国的大臣们说:'如果一定要这么办,我们宁愿伏剑自杀。'所以,齐闵王就没有胆量进入邹。鲁国和邹国的臣子,都很贫寒,国君活着时,不能侍候奉养,国君死后不能行口衔珠玉的葬仪,然而想让他们对齐王行对待天子之礼,他们也都不能接受。现在秦国是拥有万辆兵车的大国,魏国也是拥有万辆兵车的大国,彼此都有称王的名分。看到秦国打了一次胜仗,就要尊秦为帝,这样看来,赵、韩、魏三国的大臣还不如邹、鲁二国的奴仆婢妾呢。

【原文】

"且秦无已而帝,则且变易诸侯之大臣,彼将夺其所谓不肖,而予其所谓贤;夺其所憎,而予其所爱;彼又将使其子女谗妾①,为诸侯妃姬,处梁之宫,梁王安得晏然而已乎②?而将军又何以得故宠乎?"

【注释】

①谗妾:爱说别人坏话的姬妾。

②晏然:安逸的样子。

【译文】

"况且秦国一旦顺利地称帝,会马上更换各诸侯国的大臣。他将撤换他认为不贤能的人,把职务授予他认为贤能的人;撤换他所憎恨的人,把职务授予他亲近的人。他还会把他的女儿和那些善于进谗的女人配给诸侯充当妃嫔,住在魏王的后宫中。到那时,魏王还能安逸地过日子吗?而将军您又怎么能继续像原来那样受宠信呢?"

【原文】

于是辛垣衍起,再拜,谢曰:"始以先生为庸人,吾乃今日而知先生为天下之士也!吾请去,不敢复言帝秦。"

秦将闻之,为却军五十里。适会公子无忌夺晋鄙军①,以救赵击秦,秦军引而去②。

【注释】

①公子无忌:即魏信陵君,名无忌。
②引:撤退。

【译文】

于是,辛垣衍站起身来,向鲁仲连拜了两拜,道歉说:"起初我还以为先生是个平庸之辈,如今我才知道先生是天下的贤士!请让我离开这里,我不敢再说尊秦为帝的话了。"

秦国的将军听说这件事后,把军队撤退了五十里。恰巧这时魏国的信陵君夺取了晋鄙的兵权,率领军队前来援救赵国,进攻秦军,秦军便撤退离开了。

【原文】

　　于是平原君欲封鲁仲连。鲁仲连辞让者三,终不肯受。平原君乃置酒,酒酣,起,前,以千金为鲁连寿。鲁连笑曰:"所贵于天下之士者,为人排患、释难、解纷乱而无所取也。即有所取者,是商贾之人也,仲连不忍为也。"遂辞平原君而去,终身不复见。

【译文】

于是,平原君想要封赏鲁仲连。鲁仲连再三辞让,始终不肯接受。平原君就摆酒宴款待他。当酒喝得正畅快的时候,平原君站起身来,上前,用千金重礼向鲁仲连祝寿。鲁仲连笑着说:"天下的士人所看重的,是替人排除忧患,解除危难,消除纷乱,而不收取报酬。如果收取报酬,那就成了做生意的人了。我不屑于做这样的人。"于是辞别平原君而离开,终身不再见平原君。

唐雎不辱使命

《战国策》

【原文】

秦王使人谓安陵君曰①:"寡人欲以五百里之地易安陵,安陵君其许寡人!"安陵君曰:"大王加惠,以大易小,甚善。虽然,受地于先王,愿终守之,弗敢易。"秦王不说。安陵君因使唐雎使于秦。

【注释】

①秦王:即秦始皇嬴政,当时他还未称皇帝。安陵:属魏,在今河南鄢陵。

【译文】

秦王派人对安陵君说:"我打算用五百里的土地换取安陵,希望安陵君能答应我!"安陵君说:"承蒙大王给予恩惠,拿大块土地来换取小的,很好。虽然这样,我从先王手里继承了这块土地,愿意始终守住它,不敢拿它交换。"秦王很不高兴。安陵君因此派唐雎出使秦国。

【原文】

秦王谓唐雎曰:"寡人以五百里之地易安陵,安陵君不听寡人,何也?且秦灭韩亡魏,而君以五十里之地存者,以君为长者,故不错意也①。今吾以十倍之地,请广于君,而君逆寡人者②,轻寡人与③?"唐雎对曰:"否,非若是也。安陵君受地于先王而守之,虽千里不敢易也,岂直五百里哉④?"

【注释】

①错意:放在心上。错,同"措"。
②逆:违背,不从。
③与:同"欤",语气词。
④直:只。

【译文】

秦王对唐雎说:"我用五百里的土地来换取安陵,安陵君却不听从我,为什么呢?再说,秦国灭掉了韩国和魏国,而安陵君凭着五十里的地方能幸存下来,是因为安陵君是个年高德劭的人,所以我没把这放在心上。如今我拿十倍的土地,请他扩大他的领土,可安陵君却违抗我,这岂不是轻视我吗?"唐雎答道:"不,不是这样。安陵君从先王那里继承了土地,并且守住它,即使拿一千里土地来,也不敢交换,何况只有五百里呢?"

【原文】

秦王怫然怒①,谓唐雎曰:"公亦尝闻天子之怒乎?"唐雎对曰:"臣未尝闻也。"秦王曰:"天子之怒,伏尸百万,流血千里。"唐雎曰:"大王尝闻布衣之怒乎?"秦王曰:"布衣之怒,亦免冠徒跣②,以头抢地耳③。"唐雎曰:"此庸夫之怒也,非士之怒也。夫专诸之刺王僚也④,彗星袭月;聂政之刺韩傀也⑤,白虹贯日;要离之刺庆忌也⑥,苍鹰击于殿上。此三子皆布衣之士也,怀怒未发,休祲降于天⑦,与臣而将四矣。

若士必怒,伏尸二人,流血五步,天下缟素⑧,今日是也。"挺剑而起。

【注释】

①怫(fú)然:勃然大怒的样子。
②徒跣(xiǎn):赤脚。
③抢(qiāng):撞。
④专诸:吴人。王僚:吴王僚。
⑤聂政:韩人。韩傀(guī):即侠累,韩相。
⑥要(yāo)离:吴人。庆忌:吴国公子,吴王僚之子。
⑦休:祥瑞。祲(jìn):不祥之气。
⑧缟:白绢。素:白绸。缟素指丧服。

【译文】

秦王勃然大怒,对唐雎说:"你听说过天子发怒的情形吗?"唐雎回答道:"我没有听说过。"秦王说:"天子一发怒,将会有百万人死亡,血流千里。"唐雎说:"大王曾听说过平民发怒的情形吗?"秦王说:"平民发怒,无非是摘掉帽子,光着脚走,拿脑袋撞地罢了。"唐雎说:"这是庸人发怒的情形,不是士发怒。专诸刺杀吴王僚的时候,彗星扫过月亮;聂政刺杀韩傀的时候,有一道白虹穿过太阳;要离刺杀庆忌的时候,苍鹰飞到宫殿上。这三个人,都是平民身份的士,他们胸怀愤怒还没有发作的时候,天上就降下了征兆,加上我,就是四个人了。如果士真的发了怒,倒下的尸体不过两具,血流不过五步,但天下的人都将穿上白色孝服,今天的情况就是这样。"随即拔出宝剑站了起来。

【原文】

秦王色挠①,长跪而谢之曰:"先生坐,何至于此!寡人谕矣②:夫韩、魏灭亡,而安陵以五十里之地存者,徒以有先生也。"

【注释】

①色挠:(骄傲的)神色收敛下来。
②谕:同"喻",明白的意思。

【译文】

秦王顿时收敛了他骄傲的神气,直起腰跪着向唐雎道歉道:"先生请坐,哪里到了这个地步呢!我明白了,韩、魏灭亡而安陵却凭着五十里的地方留存下来,仅仅是因为有先生您啊。"

谏逐客书

李 斯

【原文】

秦宗室大臣皆言秦王曰:"诸侯人来事秦者,大抵为其主游间于秦耳,请一切逐客①。"李斯议亦在逐中。斯乃上书曰:

"臣闻吏议逐客,窃以为过矣。昔穆公求士,西取由余于戎②,东得百里奚于宛③,迎蹇叔于宋④,求丕豹、公孙支于晋⑤。此五子者,不产于秦,而穆公用之,并国二十,遂霸西戎。孝公用商鞅之法,移风易俗,民以殷盛,国以富强,百姓乐用,诸侯亲服,获楚、魏之师⑥,举地千里,至今治强。惠王用张仪之计,拔三川之地⑦,西并巴蜀,北收上郡,南取汉中,包九夷⑧,制鄢、郢,东据成皋之险⑨,割膏腴之壤,遂散六国之从⑩,使之西面事秦,功施到今。昭王得范雎⑪,废穰侯⑫,逐华阳,强公室,杜私门,蚕食诸侯,使秦成帝业。此四君者,皆以客之功。由此观之,客何负于秦哉?向使四君却客而不内⑬,疏士而不用,是使国无富利之实,而秦无强大之名也。

【注释】

①客:指在秦国做官的外籍人。

②由余:晋国人,原是西戎派到秦国的使臣,秦穆公看重他的才能,用计使之归秦。

③百里奚:原是楚国奴隶,被秦穆公用五张羊皮赎出,用为相。宛:楚地名。

④蹇叔:被百里奚举荐而由宋入秦,被用为上大夫。

⑤丕豹、公孙支:皆由晋入秦,被用为大夫。

⑥获楚、魏之师:指当时秦军先后击败了魏军和楚军。

⑦三川:指伊水、洛水、黄河流经地区。

⑧九夷:泛指当时楚国少数民族地区。

⑨成皋(gāo):要塞名,又名虎牢,在今河南荥阳。

⑩六国之从:韩、魏、赵、齐、楚、燕六国曾联合(即"合纵")以攻秦。从,同"纵"。

⑪范雎:魏人,被秦昭王任用为相。

⑫穰(ráng)侯:与后文的"华阳"都是秦国之前当权的外戚,后被废、逐。

⑬向使:假使。

【译文】

秦国的王族、大臣都向秦王进言:"诸侯各国的人来服事秦国,大多是为了替其君主在秦国游说离间罢了,请下令把客卿统统驱逐出去。"李斯也在被逐之列。于是他向秦王上书说:

"我听说官员们在商议驱逐客卿的事,臣私下认为这样做是错的。过去秦穆公求士,在西边从戎那里得到了由余,东边从宛地得到百里奚,在宋国迎来蹇叔,在晋国招来丕豹、公孙支。这五个人,并不生长在秦国,可穆公重用他们,结果吞并了二十个小国,使秦称霸西戎。孝公推行商鞅的办法,改变了秦国落后的风俗,人民因此富裕兴旺,国家因此富强,百姓甘心为国效力,诸侯各国亲近服从,打败了楚、魏两国的军队,攻取了千里土地,至今秦国社会安定,国力强盛。秦惠王采用张仪的计策,攻占了三川一带的地方,往西吞并了巴蜀,往北获取了上郡,往南夺取了汉中,并吞了九夷的土地,控制住鄢、郢两城,往东占据了险要的虎牢,取得了肥沃的土地,于是瓦解了六国的合纵,使他们都向西事奉秦国,功业一直延续到今天。昭王得到范雎,废掉了穰侯,驱逐了华阳君,增强了王室的权力,杜绝了豪门贵族掌权,逐步侵吞诸侯,使秦成就帝业。这四位国君都依靠了客卿的功劳。由此看来,客卿们有什么对不起秦国的呢?假使这四位国君拒绝客卿、闭门不纳,疏远外来之士而不用,这就不会使秦国得到富强的实效,秦国也不会有强大的威名。

【原文】

"今陛下致昆山之玉①,有随、和之宝②,垂明月之珠,服太阿之剑③,乘纤离之马④,建翠凤之旗⑤,树灵鼍之鼓⑥。此数宝者,秦不生一焉,而陛下说之,何也?必秦国之所生然后可,则是夜光之璧,不饰朝廷;犀、象之器,不为玩好;郑、卫之女,不充后宫;而骏马駃騠⑦,不实外厩;江南金锡不为用,西蜀丹青不为采。所以饰后宫、充下陈、娱心意、说耳目者⑧,必出于秦然后可,则是宛珠之簪、傅玑之珥、阿缟之衣、锦绣之饰⑨,不进于前。而随俗雅化、佳冶窈窕⑩,赵女不立于侧也。夫击瓮叩缶,弹筝搏髀⑪,而歌呼呜呜快耳目者,真秦之声也;郑、卫桑间⑫,韶虞、武象⑬,异国之乐也。今弃击瓮而就郑、卫,退弹筝而取韶虞,若是者何也?快意当前,适观而已矣。今取人则不然,不问可否,不论曲直,非秦者去,为客者逐。然则是所重者在乎色乐珠玉,而所轻者在乎人民也。此非所以跨海内、制诸侯之术也。

【注释】

①昆山:即昆仑山,自古以产美玉著称。

②随:指随侯珠。和:指和氏璧。

③太阿(ē):宝剑名。

④纤离:骏马名。

⑤翠凤之旗:装饰有翠凤羽毛的旗帜。翠凤,一种珍奇的鸟。

⑥鼍(tuó):一种鳄鱼。

⑦駃騠(jué tí):良马名。

⑧下陈:后列。

⑨傅:同"附",附着。玑:不圆的珠。珥(ěr):耳环。阿:齐国东阿,在今山东东阿。缟:白色的绢。

⑩随俗雅化:跟随时俗,使俗变雅。

⑪搏髀(bì):拍着大腿打拍子。

⑫郑、卫:指郑国、卫国的民歌。桑间:指卫国桑间的民歌。

⑬韶虞、武象:虞舜时的韶乐和周武王时名为"大武"的乐舞,指雅乐。

【译文】

"现在陛下得到了昆仑山的美玉,拥有了随侯珠、和氏璧,悬挂着光如明月的宝珠,身上佩带着太阿宝剑,乘坐的是名贵的纤离马,竖立的是以翠凤羽毛装饰的旗子,陈设的是蒙着灵鼍之皮的鼓。这些宝物,没有一种是秦国产的,而陛下却很喜欢它们,这是为什么呢?如果一定要是秦国出产的才用,那么这种夜光璧就不能装饰在朝廷上,犀角、象牙制成的器物,也不会成为陛下玩赏的东西;郑、卫两地的美女也不会填满陛下的后宫;北方的名马也不能充实陛下的马房;江南的金锡不会为陛下所用,西蜀的丹青也不会作为彩饰。如果用以装饰后宫、充当侍妾、娱乐心情、悦人耳目的所有这些都一定要是出自秦国的然后才可用的话,那么点缀有宛珠的簪子,镶着小珍珠的耳环,东阿的丝织衣服,锦绣制的饰物,就都不会进献到陛下面前。那些跟随时尚、化俗为雅,善于打扮得妖艳美好的赵国佳丽,也不会立于陛下的身旁。那敲击瓦器,弹筝拍腿,呜呜呀呀地歌唱,以快人耳目的,是秦国的本地音乐;而郑、卫桑间的民歌,韶虞、武象等古雅的乐舞,都是外来的音乐。如今陛下抛弃了敲击瓦器的音乐,而欣赏郑、卫的音乐,抛弃了弹筝而选择韶虞,这是为什么呢?是因为能让人心情愉快的东西放在眼前,适合需要罢了。现在用人却不是这样,不问是否可用,不管是非曲直,凡不是秦国的就要离开,凡是客卿都要驱逐。这样做只能说明陛下所看重的是珠玉声色,而所轻视的是人。这不是用来驾驭天下、制服诸侯的方法。

【原文】

"臣闻地广者粟多,国大者人众,兵强则士勇。是以泰山不让土壤,故能成其大;河海不择细流,故能就其深;王者不却众庶,故能明其德。是以地无四方,民无异国,四时充美,鬼神降福,此五帝、三王之所以无敌也。今乃弃黔首以资敌国①,却宾客以业诸侯,使天下之士退而不敢西向,裹足不入秦。此所谓'藉寇兵而赍盗粮'者也②。夫物不产于秦,可宝者多;士不产于秦,而愿忠者众。今逐客以资敌国,损民以益仇,内自虚而外树怨于诸侯,求国之无危,不可得也。"

秦王乃除逐客之令,复李斯官。

【注释】

①黔首:百姓。
②藉:借。赍(jī):给。

【译文】

"我听说土地广的粮食多,国家大的人口众多,武器精良的兵士勇敢。因此泰山不拒绝土壤,所以能成就它的高大;河流海洋不挑剔细小的水流,所以能成就它的深广;王者不摒弃百姓,所以能显示他的德行。因此地不分东南西北,民众不分国家,四季生活全都充足美好,鬼神降福,这就是五帝、三王之所以无敌的原因。现在却抛弃百姓来资助敌国,排斥客卿来使诸侯成就大业,使天下的贤士退避而不敢向西,裹足不敢前来秦国。这就是所谓的'借兵给敌寇而送粮给盗贼'。物品不是秦国出产的,但宝贵的有很多;士子不是秦国人,而愿意效忠的有很多。如今驱逐客卿来资助敌国,减少百姓来增加敌国的力量,对内使自己虚弱,而对外在诸侯国间树敌,想要国家没有危险,不可能。"

秦王于是废除了逐客令,恢复了李斯的官职。

宋玉对楚王问

《楚辞》

【原文】

楚襄王问于宋玉曰:"先生其有遗行与①?何士民众庶不誉之甚也②?"

【注释】

①遗行:指不检点的行为。
②士民众庶:指士民群众。不誉:指议论他的不是。誉,称赞。

【译文】

楚襄王问宋玉说:"先生也许有不检点的行为吧?为什么士人百姓都对你非议得厉害呢?"

【原文】

宋玉对曰:"唯,然,有之。愿大王宽其罪,使得毕其辞。

"客有歌于郢中者,其始曰《下里》《巴人》①,国中属而和者数千人;其为《阳阿》《薤露》②,国中属而和者数百人;其为《阳春》《白雪》③,国中属而和者不过数十人;引商刻羽④,杂以流徵⑤,国中属而和者不过数人而已。是其曲弥高,其和弥寡。

【注释】

①《下里》《巴人》:楚国通俗的民间歌曲,当时人认为是一种较低级的音乐。

②《阳阿》《薤(xiè)露》:楚国较为高雅的乐曲。

③《阳春》《白雪》:歌曲名,当时人认为是一种高级的音乐。

④引商刻羽:古代以宫、商、角、徵(zhǐ)、羽为五音,也称五声。其中商声轻劲敏疾,羽声低平掩映,所以引高其声为商音,减低其声为羽音。刻,削、减。

⑤流徵:流动的徵音,其声抑扬递续。

【译文】

宋玉回答说:"是的,是这样,有这种情况。希望大王能宽恕我的罪过,请允许我把话说完。

"有个客人在都城里唱歌,起初他唱《下里》《巴人》,都城里附和着跟他唱的有几千人;后来唱《阳阿》《薤露》,都城里跟着他唱的有几百人;等到唱《阳春》《白雪》的时候,都城里跟着他唱的不过几十人;最后他引用商声,刻画羽声,夹杂运用流动的徵声,唱得变化无穷时,都城里跟着他唱的不过几个人罢了。这样看来,歌曲越是高雅,和唱的人也就越少。

【原文】

"故鸟有凤而鱼有鲲。凤凰上击九千里,绝云霓,负苍天,足乱浮云,翱翔乎杳冥之上①。夫藩篱之鷃②,岂能与之料天地之高哉?鲲鱼朝发昆仑之墟,暴鬐于碣石③,暮宿于孟诸。夫尺泽之鲵,岂能与之量江海之大哉?

【注释】

①杳冥:极高远而看不清楚的地方。

②鹖:一种小鸟。

③暴(pù):同"曝"。鬐(qí):鱼脊鳍。碣石:海边的山石。

【译文】

"所以鸟类中有凤凰,鱼类中有鲲鱼。凤凰拍打着翅膀飞上九千里,穿越云霓,背负着青天,脚踏着浮云,翱翔在那极高远的天上。那处在篱笆下面的小鹖雀,怎么能和它一样了解天地的高大呢?鲲鱼早上从昆仑山脚下出发,白天在碣石山上晒脊背,又夜宿在孟诸。那一尺来深水塘里的小鲵鱼,岂能和它一样测知江海的广阔呢?

【原文】

"故非独鸟有凤而鱼有鲲也,士亦有之。夫圣人瑰意琦行①,超然独处,世俗之民,又安知臣之所为哉?"

【注释】

①瑰意琦行:卓异的思想和不平凡的行为。瑰,奇伟。琦,美好。

【译文】

"所以不只是鸟中有凤凰,鱼中有鲲鱼,士人之中也有杰出人才。圣人有卓异的思想和不平凡的行为,超出常人而独自存在,那些平庸的人又怎能理解我的所作所为呢?"

项羽本纪赞

《史记》

【原文】

太史公曰：吾闻之周生曰"舜目盖重瞳子①"，又闻项羽亦重瞳子。羽岂其苗裔邪？何兴之暴也②！夫秦失其政，陈涉首难，豪杰蜂起，相与并争，不可胜数。然羽非有尺寸，乘势起陇亩之中③，三年，遂将五诸侯灭秦，分裂天下，而封王侯，政由羽出，号为"霸王"，位虽不终，近古以来未尝有也。及羽背关怀楚④，放逐义帝而自立⑤，怨王侯叛己，难矣。自矜功伐⑥，奋其私智而不师古，谓霸王之业，欲以力征经营天下，五年卒亡其国，身死东城，尚不觉寤⑦，而不自责，过矣。乃引"天亡我，非用兵之罪也"，岂不谬哉！

【注释】

①周生：汉代的一个儒生。重瞳子：即一只眼睛有两个瞳孔。后人认为重瞳是帝王之相。

②暴：突然，迅猛。

③陇亩：田野。这里是指民间。陇，同"垄"。

④背关怀楚：放弃关中形势险要之地，回到楚国旧地而建都彭城。背，放弃。

⑤放逐义帝:公元前208年,项梁立楚怀王的孙子熊心为王,仍然称楚怀王。项羽灭秦以后,尊怀王为义帝。项羽自立后,放逐义帝,并派人在江中将他暗杀。

⑥矜:炫耀。伐:功劳。

⑦觉寤:觉悟。寤,同"悟"。

【译文】

太史公说:我听周先生说"舜的眼睛大概是双瞳孔",又听说项羽的眼睛也是双瞳孔。项羽难道是舜的后代吗?他兴起得多么迅猛啊!秦朝政治衰落,陈涉首先发难起义,天下豪杰蜂拥而起,纷纷争夺,不可胜数。项羽并没有一寸一尺的地盘,却趁着当时的形势从民间兴起,三年时间便率领五国诸侯消灭了秦朝,分裂天下,重新分封诸侯,天下政令都由他颁布,号称"霸王"。他的王位虽然没有保持下来,但像这样,从近古以来,还不曾有过。后来,他放弃关中回到楚地建都,放逐义帝而自立为王,这时再怨恨王侯们背叛自己,那就很难了。项羽自以为有功,骄傲自大,仗着个人才智而不效法古人,认为靠武力征讨就能统治天下,结果五年的时间就亡了国。他死在东城,却仍不醒悟,不责备自己,实在是他的过错!他竟然说"是上天使我失败的,不是我用兵的过错",这难道不荒谬吗!

孔子世家赞

《史记》

【原文】

太史公曰:《诗》有之,"高山仰止①,景行行止②。"虽不能至,然心乡往之③。余读孔氏书④,想见其为人。适鲁,观仲尼庙堂、车服、礼器,诸生以时习礼其家,余低回留之⑤,不能去云。天下君王至于贤人众矣,当时则荣,没则已焉!孔子布衣,传十余世,学者宗之。自天子王侯,中国言六艺者⑥,折中于夫子⑦,可谓至圣矣!

【注释】

①止:句末语气助词,无实义。
②景行(háng):宽广的大道。
③乡:同"向"。
④孔氏书:指记录孔子及其弟子言行的书《论语》。孔氏,即孔子,名丘,字仲尼,春秋末期鲁国人,是我国春秋时著名的思想家、政治家、教育家,儒家始祖。
⑤低回:徘徊。
⑥六艺:六经,即《诗》《书》《礼》《易》《乐》《春秋》。
⑦折中:作为判断事情正确与否的标准。夫子:古代对男子的尊称。这里是指孔夫子。

【译文】

　　太史公说:《诗经》有这样的话,"高山,人们可以仰望;宽广的大道,人们可以行走。"即使不能达到这个境界,可是我的心却向往它。我读孔子的书,可以想象出他的为人。到达鲁国之后,我参观了孔子的庙堂、车服、礼器,看见很多儒生时常在他的家里演习礼仪,我徘徊停留在那里,不舍得离开。天下的君王和贤人很多,他们当时那么荣耀,但死后也就没有声迹了!孔子只是个平民,他的学说却传了十几代,至今仍被读书人推崇。从天子王侯起,中国讲六艺的人,都以孔子言论作为判断是非的标准,孔子可以称得上是至高无上的圣人啊!

本书扉页扫码 | 与大师共读国学经典

管晏列传

《史记》

【原文】

　　管仲夷吾者,颍上人也①。少时常与鲍叔牙游②,鲍叔知其贤。管仲贫困,常欺鲍叔③,鲍叔终善遇之,不以为言。已而鲍叔事齐公子小白④,管仲事公子纠⑤。及小白立为桓公,公子纠死,管仲囚焉。鲍叔遂进管仲⑥。管仲既用,任政于齐⑦,齐桓公以霸⑧,九合诸侯⑨,一匡天下⑩,管仲之谋也。

【注释】

①颍上:古邑名,在颍水之南,隋置颍上县,在今安徽颍上南。
②游:交游,来往。
③欺:指占便宜。指下文的"分财利多自与"。
④小白:齐桓公之名,是春秋时期的第一个霸主。
⑤公子纠:小白之兄。与小白争夺君位,失败后被杀。
⑥进:保举,推荐。
⑦任政:执政,指为相。
⑧霸:称霸。
⑨合:会盟。
⑩一匡天下:使天下归于正。匡,正。

【译文】

　　管仲,名夷吾,是颍上人。他年轻的时候,常与鲍叔牙交往,鲍叔牙知道他贤明、有才干。管仲家境贫困,经常占鲍叔牙的便宜,但鲍叔牙始终对他很好,不因为这些事而有什么怨言。不久,鲍叔牙侍奉齐国公子小白,管仲侍奉公子纠。到了公子小白被立为齐桓公后,公子纠被杀死,管仲也被囚禁起来。于是鲍叔牙向齐桓公推荐管仲。管仲被任用以后,在齐国执政,桓公依靠管仲而称霸,并以霸主的身份,多次会合诸侯,使天下归正于一,这都是管仲的智谋。

【原文】

　　管仲曰:"吾始困时,尝与鲍叔贾①,分财利多自与,鲍叔不以我为贪,知我贫也。吾尝为鲍叔谋事而更穷困②,鲍叔不以我为愚,知时有利不利也③。吾尝三仕三见逐于君④,鲍叔不以我为不肖,知我不遭时也。吾尝三战三走⑤,鲍叔不以我为怯,知我有老母也。公子纠败,召忽死之⑥,吾幽囚受辱,鲍叔不以我为无耻,知我不羞小节而耻功名不显于天下也⑦。生我者父母,知我者鲍子也!"

【注释】

　　①尝:曾经。贾(gǔ):经商。
　　②穷困:困厄,窘迫。
　　③时:时机。
　　④三:泛指多次。见:被。
　　⑤走:逃跑。
　　⑥召(shào)忽:齐国人,原与管仲共同辅佐公子纠。死之:为公子纠而死。

⑦羞:以……为羞。耻:以……为耻。

【译文】

管仲说:"我当初贫困时,曾经和鲍叔牙一起做生意,分财利时自己总是多要一些,鲍叔牙并不认为我贪财,而是知道我家里贫穷。我曾经替鲍叔牙谋划事情,反而使他更加困顿,陷于窘境,鲍叔牙不认为我愚笨,他知道时运有时好,有时不好。我曾经多次做官却多次被国君驱逐,鲍叔牙不认为我不成器,他知道我是没遇上好时机。我曾经多次打仗多次逃跑,鲍叔牙不认为我胆小,他知道我家中有老母亲需要赡养。公子纠失败,召忽为他殉难,我被囚禁遭受屈辱,鲍叔牙不认为我没有廉耻,知道我不因小的过失而感到羞愧,却以功名不显扬于天下而感到耻辱。生养我的是父母,而真正了解我的是鲍叔牙啊!"

【原文】

鲍叔既进管仲,以身下之。子孙世禄于齐①,有封邑者十余世,常为名大夫。天下不多管仲之贤而多鲍叔能知人也②。

【注释】

①世禄:世代享受俸禄。
②多:称道,赞美。

【译文】

鲍叔牙推荐了管仲以后,情愿位居管仲之下。他的子孙世世代代在齐国享有俸禄,得到封地的有十几代,多数是有名望的大夫。天下的人不称赞管仲的才干,反而称赞鲍叔牙能够识别人才。

【原文】

管仲既任政相齐①,以区区之齐在海滨,通货积财②,富国强兵,与俗同好恶③。故其称曰④:"仓廪实而知礼节,衣食足而知荣辱,上服度则六亲固⑤。""四维不张⑥,国乃灭亡。""下令如流水之原⑦,令顺民心。"故论卑而易行⑧。俗之所欲,因而予之;俗之所否,因而去之⑨。

【注释】

①相:担任国相。

②通货:与别国交换货物。

③俗:指百姓。

④其称曰:他自己称述说。以下引语是对《管子·牧民》篇有关论述的节录。

⑤上:居上位者。服:行,施行。度:制度。六亲:说法不一,应劭谓父、母、兄、弟、妻、子,或泛指内亲外戚。固:安固,稳固。

⑥四维:指礼、义、廉、耻。维,纲,引申为纲要、原则。

⑦原:同"源",水的源头。

⑧论卑:指政令平易,符合下情。

⑨去:废除。

【译文】

管仲出任齐相执政以后,凭借着小小的齐国在海滨的条件,流通货物,积聚财富,使得国富兵强,与百姓同好恶。所以,他在《管子》一书中称述说:"仓库储备充实了,百姓才懂得礼节;衣食丰足了,百姓才能分辨荣辱;国君的作为合乎法度,'六亲'才会得以稳固。""不提倡礼义廉耻,国家就会灭亡。""国家下达政令就像流水的源头,要顺着百姓的心意流下。"所以政令符合下情就容易施行。百姓想要得到的,就给他们;百姓所反对的,就替他们废除。

【原文】

其为政也,善因祸而为福,转败而为功。贵轻重①,慎权衡②。桓公实怒少姬,南袭蔡③,管仲因而伐楚,责包茅不入贡于周室。桓公实北征山戎,而管仲因而令燕修召公之政。于柯之会,桓公欲背曹沫之约,管仲因而信之,诸侯由是归齐。故曰:"知与之为取,政之宝也④。"

【注释】

①轻重:本指货币,这里指事情的轻重缓急。

②权衡:本指秤,即量物之器,这里指得失。

③"桓公实怒"二句:是说少姬(即蔡姬)曾荡舟戏弄桓公,制止不听,公怒,遣送回国。蔡君将其改嫁,所以桓公怒而攻蔡。其事详见《史记》卷三十二《齐太公世家》与《左传·僖公三年》。

④"知与之为取"二句:语出《管子·牧民》。与,给予。

【译文】

管仲执政时,善于把祸患化为吉祥,将失败转化为成功。他重视分辨事物的轻重缓急,慎重地权衡事情的利弊得失。齐桓公实际上是因怨恨少姬改嫁而向南袭击蔡国,管仲就寻找借口攻打楚国,责备它没有向周王室进贡菁茅。桓公实际上是向北出兵攻打山戎,管仲就趁机让燕国整顿召公时期的政教。在柯地会盟,桓公想背弃曹沫逼迫他订立的盟约,管仲就顺应形势劝他信守盟约,各国都因此归顺齐国。所以说:"懂得给予正是为了取得的道理,这是治国的法宝。"

【原文】

管仲富拟于公室①,有三归、反坫②,齐人不以为侈③。管仲卒,齐国遵其政,常强于诸侯。后百余年而有晏子焉。

【注释】

①拟:比拟,类似。

②三归:指管仲有三处庭院。或者指其他说法,如娶三姓女子等。反坫(diàn):堂屋两柱间放置供祭祀、宴会用的所有礼器和酒的土台。按"礼",只有诸侯才能设有三归和反坫。管仲是大夫,不应僭拟诸侯。然而,齐国因管仲而强盛,故下文说"齐人不以为侈"。

③侈:放纵,放肆。这里有过分的意思。

【译文】

管仲的富贵可以与国君相比拟,拥有三归、反坫,齐国人却不认为他奢侈僭越。管仲逝世后,齐国仍遵循他的政策,一直比其他诸侯国强大。此后过了百余年,齐国又出了个晏婴。

【原文】

晏平仲婴者,莱之夷维人也①。事齐灵公、庄公、景公,以节俭力行重于齐②。即相齐,食不重肉③,妾不衣帛④。其在朝,君语及之⑤,即危言⑥;语不及之,即危行⑦。国有道,即顺命⑧;无道,即衡命⑨。以此三世显名于诸侯。

【注释】

①莱之夷维:莱地的夷维邑,在今山东高密。

②力行:努力工作。重:重视。

③重肉:两样以上的肉食。

④衣:穿。

⑤语及之:有话问到他。

⑥危言:直言。

⑦危行:谨慎行事。
⑧顺命:服从命令去做。
⑨衡命:斟酌命令的情况去做。

【译文】

晏平仲,名婴,是莱地夷维人。他辅佐了齐灵公、庄公、景公三代国君,由于节约俭朴又努力工作,在齐国受到人们的尊重。他做了齐国宰相,吃饭不吃两样以上的肉食,妻妾不穿丝绸衣服。在朝廷上,国君说话涉及他,就直言陈述自己的意见;国君的话不涉及他,就谨慎地去办事。国君能行正道,就顺着他的命令去做;不能行正道时,就对命令斟酌着去办。因此,他在齐灵公、庄公、景公三代,名声显扬于各国。

【原文】

越石父贤,在缧绁中①。晏子出,遭之途,解左骖赎之②,载归。弗谢③,入闺④,久之。越石父请绝。晏子戄然⑤,摄衣冠谢曰⑥:"婴虽不仁,免子于厄⑦,何子求绝之速也?"石父曰:"不然。吾闻君子诎于不知己而信于知己者⑧。方吾在缧绁中,彼不知我也。夫子既已感寤而赎我⑨,是知己;知己而无礼,固不如在缧绁之中。"晏子于是延入为上客。

【注释】

①缧绁(léi xiè):拘系犯人的绳索。引申为囚禁。
②骖:古代一车三马或四马,左右两旁的马叫骖。
③谢:告,打招呼。
④闺:内室。
⑤戄(jué)然:吃惊的样子。
⑥摄:整理。

⑦厄:灾难。
⑧诎:同"屈",委屈。信:同"伸",伸展,伸张。
⑨感寤:感动醒悟。寤,同"悟"。

【译文】

越石父是个贤才,被拘捕了。晏子外出,在路上遇到他,就解开马车左边的马,把他赎出来,用车拉回家。晏子没有向越石父告辞,就走进内室,过了好久没出来。越石父就请求与晏子绝交。晏子大吃一惊,匆忙整理好衣冠道歉说:"我即使说不上善良宽厚,也总算帮助您从困境中解脱出来,您为什么这么快就要求绝交呢?"越石父说:"不是这样。我听说君子可以被不了解自己的人委屈,但在了解自己的人面前就应当获得尊重。当我被拘禁时,那些人不了解我。你既然已经了解我而把我赎买出来,这就是我的知己;是我的知己却对我无礼,我还不如被拘禁。"晏子于是就请他进屋,待为贵宾。

【原文】

晏子为齐相,出,其御之妻从门间而窥其夫①。其夫为相御,拥大盖②,策驷马,意气扬扬③,甚自得也。既而归,其妻请去④。夫问其故。妻曰:"晏子长不满六尺⑤,身相齐国,名显诸侯。今者妾观其出,志念深矣⑥,常有以自下者⑦。今子长八尺,乃为人仆御,然子之意自以为足,妾是以求去也。"其后夫自抑损⑧。晏子怪而问之⑨,御以实对。晏子荐以为大夫。

【注释】

①御:驾驶马车。这里指驾车的人,即车夫。门间:门缝。窥:暗中偷看。
②拥:抱着。

③扬扬:得意的样子。

④去:离开。此指离婚。

⑤尺:汉以前古尺合今约23厘米。

⑥志念:志向、抱负。

⑦自下:甘居人下,指谦恭卑逊。

⑧抑损:谦恭、退让。抑,谦下。损,退损。

⑨怪:感到奇怪。

【译文】

晏子做齐国宰相时,一次坐车外出,车夫的妻子从门缝里偷偷地看她的丈夫。她丈夫替宰相驾车,头上遮着大伞,挥动着鞭子赶着四匹马,神气十足,得意扬扬。不久车夫回到家里,妻子就要求离婚。车夫问她离婚的原因。妻子说:"晏子身高不过六尺,却做了齐国宰相,名声在各国显扬。我看他出门,志向思想都非常深沉,常有那种甘居人下的态度。现在你身高八尺,才不过做人家的车夫,看你的神态,却自以为挺满足,因此我要求和你离婚。"从此以后,车夫就谦虚恭谨起来。晏子发现了他的变化,感到很奇怪,就问他,车夫如实相告。晏子推荐他做了大夫。

【原文】

太史公曰:吾读管氏《牧民》《山高》《乘马》《轻重》《九府》①及《晏子春秋》②,详哉其言之也。既见其著书,欲观其行事,故次其传③。至其书,世多有之,是以不论,论其轶事。

【注释】

①《牧民》《山高》《乘马》《轻重》《九府》:皆是《管子》一书中的篇名。

②《晏子春秋》:书名,旧题春秋齐晏婴撰,共七篇,实际上是后人依

托并采掇晏子言行而作。

③次：编次、编列。

【译文】

太史公说：我读了管仲的《牧民》《山高》《乘马》《轻重》《九府》等篇和《晏子春秋》，这些书上写得很详细。我读了他们的著作，想让人们了解他们的事迹，所以就依次编写了他们的合传。至于他们的著作，世上已有很多，因此不再论述，只记载他们的轶事。

【原文】

管仲世所谓贤臣，然孔子小之①。岂以为周道衰微，桓公既贤，而不勉之至王，乃称霸哉？语曰②："将顺其美③，匡救其恶④，故上下能相亲也⑤。"岂管仲之谓乎？

【注释】

①小之：认为他器量狭小。
②下文引自《孝经·事君》。
③将顺：顺从，顺势助成。
④匡救：纠正、挽救。
⑤上下：指君臣百姓。

【译文】

管仲是世人所说的贤臣，然而孔子小看他。难道是因为周朝统治衰微，桓公既然贤明，管仲不勉励他实行王道却辅佐他只称霸主吗？古语说："要顺势助成君主的美德，纠正、挽救他的过错，所以君臣百姓之间能亲密无间。"难道就是说管仲吗？

【原文】

　　方晏子伏庄公尸哭之,成礼然后去,岂所谓"见义不为无勇"者邪?至其谏说,犯君之颜,此所谓"进思尽忠,退思补过"者哉!假令晏子而在,余虽为之执鞭,所忻慕焉!

【译文】

当初晏子枕伏在庄公尸体上痛哭,完成了礼节然后离去,难道是人们所说的"遇到正义的事情不去做就是没有勇气"的表现吗?至于晏子直言进谏,敢于冒犯君主的威严,这就是人们所说的"上朝就想到竭尽忠心,在家就想到弥补过失"的人啊!假使晏子还活着,我即使替他挥动着鞭子驾车,也是我非常高兴和十分向往的事啊!

报任安书

司马迁

【原文】

　　太史公牛马走司马迁再拜言①,少卿足下:曩者辱赐书②,教以慎于接物,推贤进士为务。意气勤勤恳恳,若望仆不相师③,而用流俗人之言。仆非敢如此也。仆虽罢驽④,亦尝侧闻长者之遗风矣⑤。顾自以为身残处秽,动而见尤⑥,欲益反损,是以独抑郁而谁与语。谚曰:"谁为为之?孰令听之?"盖钟子期死,伯牙终身不复鼓琴。何则?士为知己者用,女为说己者容。若仆大质已亏缺矣⑦,虽才怀随、和⑧,行若由、夷⑨,终不可以为荣,适足以见笑而自点耳⑩。书辞宜答,会东从上来,又迫贱事,相见日浅,卒卒无须臾之闲,得竭志意。今少卿抱不测之罪⑪,涉旬月,迫季冬,仆又薄从上雍,恐卒然不可为讳⑫,是仆终已不得舒愤懑以晓左右,则长逝者魂魄私恨无穷。请略陈固陋。阙然久不报,幸勿为过。

【注释】

①牛马走:谦辞,意为如牛马般供驱使的仆人。

②曩(nǎng):从前。

③望:怨。

④罢(pí)驽:疲弱无能的马,形容才能低下。罢,同"疲"。驽,劣马。

⑤侧闻:从旁闻知,谦辞。

⑥尤:责备。

⑦大质:指身体,司马迁受宫刑,故说大质已亏。

⑧随、和:随侯珠、和氏璧。比喻杰出才能。

⑨由、夷:许由、伯夷。

⑩点:辱。

⑪不测之罪:死罪。

⑫卒然:仓促。不可为讳:暗指任少卿将被处死。

【译文】

像牛马一样供驱使的太史公司马迁再拜陈说,少卿足下:之前,承蒙您给我写信,教导我要谨慎处理事情,把推举贤人、引进才士当作责任。来信的辞意和语气诚恳而真挚,好像在抱怨我没有听从您的指教,却随着一般人的意见而改变主张。我是不敢这样做的!我虽然才能低下,但也曾听说品德高尚的长者遗风。只是我自认为身体残缺、地位下贱,一行动就遭人指责,想做点贡献却反把事情搞坏,所以才心情抑郁,无人诉说。谚语说:"为谁而干呢?让谁来听呢?"钟子期死后,伯牙终身不再弹琴。为什么呢?因为士人为了解自己的人而效力,女子为喜爱自己的人而修饰容貌。至于我身体已经残缺,即使有像随侯珠、和氏璧那样宝贵的才华,品行又像许由、伯夷那样高洁,还是不能自以为光彩,这样反而会使人感到可笑以致自取其辱。您的来信本该及时答复,但正碰上我跟从皇上东巡归来,又忙于琐事,彼此相见的机会很少,忙忙碌碌没有片刻的空闲可以让我倾诉衷肠。现在,您蒙受难以预测的罪名,再过一个月,就到冬末了,而我又将被迫跟从皇上到雍地去,担心您会突然遭到不幸,那样我就永远不能把满腔悲愤向您诉说,而您的在天之灵一定会抱恨无穷的。请让我简略地陈述一些偏狭、浅陋的意见。这么长时间没有给您回信,请不要责备。

【原文】

　　仆闻之:修身者,智之符也;爱施者,仁之端也;取予者,义之表也;耻辱者,勇之决也;立名者,行之极也。士有此五者,然后可以托于世,而列于君子之林矣。故祸莫憯于欲利,悲莫痛于伤心,行莫丑于辱先,诟莫大于宫刑。刑余之人,无所比数,非一世也,所从来远矣。昔卫灵公与雍渠同载①,孔子适陈;商鞅因景监见②,赵良寒心;同子参乘③,袁丝变色④:自古而耻之!夫中材之人,事有关于宦竖,莫不伤气,而况于慷慨之士乎?如今朝廷虽乏人,奈何令刀锯之余,荐天下之豪俊哉!仆赖先人绪业,得待罪辇毂下二十余年矣⑤。所以自惟,上之,不能纳忠效信,有奇策材力之誉,自结明主;次之,又不能拾遗补阙,招贤进能,显岩穴之士;外之,不能备行伍,攻城野战,有斩将搴旗之功;下之,不能积日累劳,取尊官厚禄,以为宗族交游光宠。四者无一遂,苟合取容⑥,无所短长之效,可见于此矣。向者仆亦尝厕下大夫之列⑦,陪奉外廷末议,不以此时引纲维⑧,尽思虑;今已亏形为扫除之隶,在阘茸之中⑨,乃欲仰首伸眉,论列是非,不亦轻朝廷,羞当世之士邪?嗟乎!嗟乎!如仆尚何言哉!尚何言哉!

【注释】

①雍渠:卫国宦官。卫灵公与他同乘,而让孔子坐后面的车,孔子耻之,遂离卫国。

②景监:秦国宦官。商鞅由他荐引。

③同子:指汉文帝的宦官赵谈。与司马谈同名,司马迁避父讳,故称为同子。

④袁丝:即袁盎。汉文帝曾与赵谈同车,袁盎拦车进谏,汉文帝只好命赵谈下车。

⑤辇:皇帝所乘之车。辇毂下:引申为皇帝身边。

⑥苟合:无原则地附和。取容:讨好。

⑦厕:参与。

⑧引:正,整顿。纲维:纲常法纪。

⑨阘(tà)茸:比喻细小卑贱。

【译文】

我曾听说:"善于加强自身的修养是智慧的象征;乐于施舍是仁爱的开端;恰当的获取和给予是守义的标志;以被侮辱为可耻是具备勇敢的先决条件;建立功名是行动的最高目标。"士人具备了这五种品德,然后可以此立身处世,跻身于君子的行列。所以,祸害没有比贪利更悲惨的了,悲哀没有比伤心更痛苦的了,行为没有比祖先受辱更难堪的了,而耻辱没有比遭受宫刑更巨大的了。受过宫刑的人,不能同正常人相提并论,这不仅是当今之世如此,历史上由来已久。从前,卫灵公和宦官同车,孔子就出走陈国;商鞅靠景监被秦孝公召见,赵良心存戒惧;赵谈陪汉文帝坐车,袁盎看到了勃然变色:自古以来就是鄙视宦官的。中等才能的人,只要事情同宦官有关,没有不感到羞辱的,更何况慷慨激昂之士呢?如今朝廷虽然缺乏人才,怎么会让受过宫刑的人来推荐天下的豪杰英俊之士呢?我依靠先人未竟的学术事业,才得以在皇帝身边做官,至今已二十多年了。所以自己寻思:对上没能献上自己的忠信,获得策略出众和才能突出的声誉,从而取得皇上的信任;其次又不能为皇上拾掇遗漏、弥补缺失、招纳贤才、引进能人,使隐士扬名于世;在外,不能参加军队行列,攻打城池,作战野外,建立斩杀敌将、拔取敌旗的功勋;在下,不能累积年资和功劳,获取高官厚禄,以此为宗族和朋友增光。这四条没有一条实现,不过是勉强容身,没有尺寸之功,也就由此可见了。过去,我也曾在下大夫的行列,奉陪于朝堂之上发表一些微不足道的议论,未在那时申张国家的法度,竭尽智谋,到现在形体已经亏缺,当了一名打扫台阶的差役,身处下贱之辈的行列,却要昂首扬眉,评论谁是谁非,不是也太轻视朝廷、太羞辱当今的士人了吗?唉!唉!像我这样的人还说什么呢?还说什么呢?

【原文】

且事本末未易明也。仆少负不羁之才,长无乡曲之誉。主上幸以先人之故,使得奏薄技,出入周卫之中①。仆以为戴盆何以望天,故绝宾客之知,亡室家之业,日夜思竭其不肖之才力,务一心营职,以求亲媚于主上。而事乃有大谬不然者。

【注释】

①周卫:指皇宫。

【译文】

而且事情的因果是不容易搞清楚的。我少年时自恃有不可限制的才华,但长大后并没有在故乡获得好名声。幸亏皇上因为我父亲的缘故,使我得以奉献微薄的技能,在宫廷里进出。我认为头上带着木盆怎么能够望见天空呢?所以谢绝宾客的交往,忘记家庭的私事,日日夜夜思考竭尽自己并不出色的才干和能力,一心一意地恪尽职守,以求得皇上的亲近和好感。但是,事情却往往不是这样。

【原文】

夫仆与李陵俱居门下①,素非能相善也。趋舍异路,未尝衔杯酒,接殷勤之余欢。然仆观其为人,自守奇士:事亲孝,与士信,临财廉,取与义,分别有让,恭俭下人,常思奋不顾身,以殉国家之急。其素所蓄积也,仆以为有国士之风。夫人臣出万死不顾一生之计,赴公家之难,斯已奇矣。今举事一不当,而全躯保妻子之臣,随而媒蘖其短②,仆诚私心痛之。且李陵提步卒不满五千,深践戎马之地,足历王庭,垂饵虎口,横挑强胡,仰亿万之师,与单于连战十有余日,所杀过当。虏救死扶伤不给,旃裘之君长咸震怖,乃悉征其左、右贤王,举引弓之人,一国共攻而围之。转斗千里,矢尽道穷,救兵不至,士卒死伤如积。然陵一呼劳军,士无不起,躬自流涕,沫血饮泣③,更张空弮④,冒白刃,北向争死敌者。陵未没时,使有来报,汉公卿王侯皆奉觞上寿。后数日,陵败书闻,主上为之食不甘味,听朝不怡,大臣忧惧,不知所出。仆窃不自料其卑贱,见主上惨怆怛悼⑤,诚欲效其款款之愚⑥,以为李陵素与士大夫绝甘分少,能得人之死力,虽古之名将,不能过也。身虽陷败,彼观其意,且欲得其当而报于汉。事已无可奈何,其所摧败,功亦足以暴于天下矣。仆怀欲陈之而未有路,适会召问,即以此指推言陵之功,欲以广主上之意,塞睚眦之辞⑦。未能尽明,明主不深晓,以为仆沮贰师⑧,而为李陵游说,遂下于理⑨。拳拳之忠,终不能自列,因为诬上,卒从吏议。家贫,货赂不足以自赎;交游莫救视,左右亲近不为一言。身非木石,独与法吏为伍,深幽囹圄之中⑩,谁可告诉者!此真少卿所亲见,仆行事岂不然乎?李陵既生降,隤其家声,而仆又佴之蚕室⑪,重为天下观笑。悲夫!悲夫!事未易一二为俗人言也⑫。

【注释】

①俱居门下：指同朝为官。门，宫门。
②媒蘖：比喻挑拨是非，陷人于罪。
③沫(huì)血：血流满面。
④弮(quān)：硬弓。
⑤惨怆怛悼：悲痛的样子。
⑥款款：忠诚的样子。
⑦睚眦之辞：指诋毁诬陷之言。睚眦，怒目相视。
⑧沮：败坏。贰师：指贰师将军李广利。
⑨理：掌管刑狱的官。
⑩图圄：监狱。
⑪佴(èr)：随后。蚕室：温暖密封的房子。初受宫刑畏风，必居蚕室。
⑫一二：逐一地，清楚明白地。

【译文】

我和李陵同在宫中任职，平时并没有什么往来。彼此的好恶不同，所以未曾在一起喝酒，尽情地欢乐。然而，我观察李陵的为人，的确是一个能守住节操的出众人，他侍奉父母很孝顺，对待士人守信用，对待钱财廉洁奉公，获取和给予都符合礼义，懂得名分的差别而能谦让，尊重地位比自己低的人，常想奋不顾身地去排解国家的急难。他这些长期养成的好品德，我认为有国士的风范。一个大臣出于宁肯万死而不求一生的意念，奔赴国家的危难之地，这已经很难得了。现在，他办事一有不妥当，那些只会保全自己的身躯和妻儿的大臣紧跟着就夸大他的过失，我实在私下感到痛心。况且李陵带领的步兵不足五千人，深入敌方阵营，到达匈奴王驻地，在虎口垂饵诱敌，气势凌厉地向强悍的匈奴挑战，向居高临下的亿万大军发起进攻，与匈奴王接连战斗了十多天，所杀敌人超过了自己将士的人数，以致敌寇救死扶伤都来不及。匈奴的君主、长官们都感到震惊和恐怖，于是全数调集了左、右贤王的军队，发动所有擅长弓箭的百姓,全国一起进攻和围困李陵军。李陵军转战数千里,箭矢用尽,无路可走,而援军迟迟不至,死伤的士卒堆积遍地。但只要李陵振臂一呼鼓舞士兵,士兵无不撑起身体,流着眼泪,以血洗脸,以泪解渴,拉开没有箭的空弓,冒着寒光闪闪的锋刃,争着向北拼死杀敌。当李陵的军队还没有覆没时,有信使来报捷,朝中的公卿王侯都向皇上祝贺胜利。几天后,李陵兵败的奏书传来,皇上为此吃东西都觉得没味道,上朝听政也闷闷不乐。大臣们担心害怕,不知如何奏对。我心里不再多考虑自己的卑贱,见皇上悲伤痛苦,实在想要献上自己诚恳的意见。我认为李陵对待部下向来待人优厚、先人后己,因此能赢得别人拼死效劳,即使是古代的名将也比不上他。他虽因兵败而身陷匈奴,但看他的用意,是想要寻找一个适当的机会来报效汉朝。这件事已经无可奈何,但他曾击败强敌,功劳也足以显示于天下了。我心里想陈述给皇上听,却没有机会。正逢皇上召见,我就按这些意思来论说李陵的功劳,想以此来宽舒皇上的胸怀,堵塞那些怨恨李陵的言辞。我没能彻底表达清楚,以致英明的皇上不能进一步了解,反以为我在诋毁贰师将军,而有意为李陵开脱,于是就把我交给司法部门审判。我忠心耿耿,却无法自我表白,因而判处我欺蒙皇上的罪名,皇上终于听从了狱吏的判决。我家境贫困,钱财不足以为自己赎罪,朋友不来救援,皇上的左右亲信也不为我说一句求情的话。我不是木块、石头,却偏要让我同执法的狱吏一起相处,被关押在监狱里,心中的痛苦可以向谁诉说呢?这些正是您亲眼看到的,我的行为处事难道不是这样吗?李陵已经活着投降了,败坏了他家族的声誉,而我在蚕室里,又被天下的人耻笑。可悲啊!可悲啊!这些事情是不容易对一般人一一说清楚的。

【原文】

仆之先非有剖符丹书之功,文史星历,近乎卜祝之间,固主上所戏弄,倡优所畜①,流俗之所轻也。假令仆伏法受诛,若九牛亡一毛,与蝼蚁何以异?而世俗又不能与死节者次比,特以为智穷罪极,不能自免,卒就死耳。何也?素所自树立使然也。人固有一死,死或重于泰山,或轻于鸿毛,用之所趋异也。太上不辱先,其次不辱身,其次不辱理色[2],其次不辱辞令,其次诎体受辱[3],其次易服受辱,其次关木索、被箠楚受辱[4],其次剔毛发、婴金铁受辱,其次毁肌肤、断肢体受辱,最下腐刑极矣!传曰:"刑不上大夫。"此言士节不可不勉励也。猛虎在深山,百兽震恐,及在槛阱之中,摇尾而求食,积威约之渐也。故士有画地为牢,势不可入;削木为吏,议不可对,定计于鲜也。今交手足,受木索,暴肌肤,受榜箠,幽于圜墙之中。当此之时,见狱吏则头抢地,视徒隶则心惕息。何者?积威约之势也。及以至是,言不辱者,所谓强颜耳,曷足贵乎?且西伯,伯也,拘于羑里;李斯[5],相也,具于五刑;淮阴[6],王也,受械于陈;彭越、张敖[7],南面称孤,系狱抵罪;绛侯诛诸吕[8],权倾五伯,囚于请室[9];魏其[10],大将也,衣赭衣[11],关三木[12];季布为朱家钳奴[13];灌夫受辱于居室[14]。此人皆身至王侯将相,声闻邻国,及罪至罔加[15],不能引决自裁[16],在尘埃之中。古今一体,安在其不辱也?由此言之,勇怯,势也;强弱,形也。审矣,何足怪乎?夫人不能早自裁绳墨之外[17],以稍陵迟[18],至于鞭箠之间,乃欲引节,斯不亦远乎!古人所以重施刑于大夫者,殆为此也。夫人情莫不贪生恶死,念父母,顾妻子。至激于义理者不然,乃有所不得已也。今仆不幸,早失父母,无兄弟之亲,独身孤立,少卿视仆于妻子何如哉?且勇者不必死节,怯夫慕义,何处不勉焉?仆虽怯懦,欲苟活,亦颇识去就之分矣,何至自沉溺缧绁之辱哉!且夫臧获婢妾⑲,犹能引决,况仆之不得已乎?所以隐忍苟活,幽于粪土之中而不辞者,恨私心有所不尽,鄙陋没世,而文采不表于后世也。

【注释】

①倡:乐人。优:优伶,演员。
②理色:道理和脸色。
③诎:同"屈"。
④木索:木枷和绳索。箠:竹杖。楚:荆条。
⑤李斯:秦丞相,为赵高陷害,备受五刑,遭腰斩。
⑥淮阴:指韩信,先封楚王。刘邦疑其谋反,在陈地逮捕了他。
⑦彭越:汉初功臣。张敖:汉功臣张耳之子。二人俱封王。彭越后被杀。张敖降为侯。
⑧绛侯:即周勃,诛吕安刘,立大功。后被诬入狱。
⑨请室:大臣犯罪等待判决的地方。
⑩魏其:大将军窦婴,封魏其侯,被诬下狱处死。
⑪赭衣:古囚服,土红色。
⑫三木:头枷、手铐、脚镣。
⑬季布:项羽的大将,项羽死后,被刘邦通缉,改名换姓,卖身为奴。
⑭灌夫:曾任中郎将,因得罪丞相田蚡,被囚处死。
⑮罔:同"网"。
⑯引决、自裁:都指自杀。
⑰绳墨:指刑罚。
⑱陵迟:衰颓,卑下。
⑲臧获:泛指奴婢。

【译文】

我的祖先并没有受赐剖符丹书那样的功勋,只是掌管文史书籍和天文历法,地位接近于管占卜和祭祀的官员,本来就是被皇上戏弄、像乐工伶人一样养着、为世俗所轻视的职务。假如我受到法律的制裁被杀,就像在九头牛身上去掉一根牛毛,与蝼蚁有什么区别呢?而世人又不会把我比之于坚持节操而死的人,只认为我是想不出办法而又罪大恶极,实在无法自脱,终于受死的。为什么呢?因为我的职业使人有这种看法。人必然有一死,有的死比泰山还要重,有的死比鸿毛还要轻,这是因为死的作用不同。首先,不使祖先受辱;其次,不使自己身体受辱;其次,不因别人的脸色受辱;其次,不在言辞上受辱;其次,身体被捆缚受辱;其次,被换上罪犯的衣服受辱;其次,戴上木枷绳索被人抽打受辱;其次,剃光了头、头颈上套着铁圈受辱;其次,毁坏肌肤、截断肢体受辱;最下等的就是遭受宫刑,受辱达到极点!《礼记》中说:"刑罚不能加于大夫以上。"这是说士大夫的节操不可以不勉励。猛虎处在深山之中,百兽为之震惊、害怕,等到它落进了陷阱或被关进了笼子,就摇着尾巴乞求食物,这是长期威力渐渐制约它的结果。所以,在地上画地为牢,有气节的人势必不肯进去;用木头削成狱吏,有气节的人也认为不能受它审讯,而是准备自杀。现在,手足被捆绑,戴着木枷、绳索,肌肤暴露在外,遭受竹鞭和棍棒的抽打,被关押在监牢之中。在这个时候,见到狱吏就叩头触地,见到狱卒就战战兢兢不敢喘息。为什么呢?这是受到威压逼迫而逐渐形成的局面啊。已经到了这种地步,还说没有遭受侮辱,就是厚脸皮了,还有什么值得尊重的呢?况且,西伯,是一位霸主,却被拘禁在羑里;李斯,是丞相,却受遍五刑;淮阴侯,被封为王,却在陈地被拘捕;彭越、张敖,曾南面封王,却下狱判罪;绛侯诛杀了诸吕,权力超过了春秋五霸,却被关进请室;魏其侯,身为大将,却穿上囚衣,戴上了三枷;季布卖身为朱家家奴;灌夫被关进居室蒙受侮辱。这些人都位至王侯将相,名声远播邻国,等到犯罪以至法网加身,不能果断自杀,结果落到肮脏的尘埃之中。古代和今天是一脉相承的,怎么能不受到侮辱呢?由此而言,勇敢和胆怯、坚强和懦弱,都是形势造成的。很明白了,有什么值得奇怪的呢?况且,人不能在受到法律制裁之前就自杀,已经有点卑下了,到了遭受鞭打的时候,才想到要以自杀来保持节操,这不是晚了点吗!古人之所以加刑于大夫时极为慎重,大概就是这个原因。人天生的感情都是热爱生命,害怕死亡,思念父母,顾及妻儿的。至于为正义和真理而激奋的人就不是这样了,他们有不得已的原因。现在,我很不幸,双亲早亡,没有兄弟,独自一人孤单在世。您看我对妻儿的态度怎样?况且勇敢的人不一定要为了名节而死,怯懦的人仰慕高义,在哪里不可以勉励自己死节呢?我虽然怯懦,想苟活偷生,但也知道该做什么、不该做什么的界线,怎么会自甘沉溺于牢狱的侮辱之中呢?就是奴婢还能够下决心自杀,更何况像我这样的不得已呢?我之所以暗暗地忍受,苟活偷生,关在粪土般污秽的监狱里而不肯去死,就因为怨恨自己心中还有未实现的理想,如果在屈辱中死去,我的文章才华就不能流传于后世了。

【原文】

古者富贵而名磨灭,不可胜记,唯倜傥非常之人称焉①。盖文王拘而演《周易》;仲尼厄而作《春秋》;屈原放逐,乃赋《离骚》;左丘失明,厥有《国语》;孙子膑脚,兵法修列;不韦迁蜀,世传《吕览》;韩非囚秦,《说难》《孤愤》;《诗》三百篇,大底贤圣发愤之所为作也。此人皆意有所郁结,不得通其道,故述往事,思来者。乃如左丘无目,孙子断足,终不可用,退而论书策,以舒其愤,思垂空文以自见。仆窃不逊,近自托于无能之辞,网罗天下放失旧闻②,略考其事,综其终始,稽其成败兴坏之纪,上计轩辕,下至于兹,为十表,本纪十二,书八章,世家三十,列传七十,凡百三十篇。亦欲以究天人之际,通古今之变,成一家之言。草创未就,会遭此祸,惜其不成,是以就极刑而无愠色。仆诚已著此书,藏之名山,传之其人,通邑大都,则仆偿前辱之责,虽万被戮,岂有悔哉!然此可为智者道,难为俗人言也!

【注释】

①倜傥:洒脱,不拘束。
②放失:散失。

【译文】

自古以来,富贵而声名埋没、无法流传的人,多得无法记载,只有豪迈不受拘束、非同寻常的人才能被后人称道。周文王被拘禁而推演出《周易》,孔子处于困境而写成了《春秋》,屈原被放逐,于是创作了《离骚》;左丘明失明,才有《国语》;孙膑膝盖被截,兵法得以编写出来;吕不韦谪迁蜀地,《吕氏春秋》流传于世;韩非子被囚禁在秦国,这才有了《说难》《孤愤》;《诗》三百篇,大都是圣人贤士为抒发愤懑之情而写作的。这些人都是情意郁结,不得宣泄,所以才追述往事,而寄希望于将来的。至于像左丘明失明,孙膑断腿,他们认为永远不可能被任用了,退下来著书立说以抒发心中的愤懑,想借助留传后世的文章来表现自己。我私下里不自量力,近来以拙劣的文字,收集记载了散失于天下的旧说遗闻,粗略考证其中的事件,推究历史上成败、兴衰的道理。上从轩辕黄帝开始,下到当今为止,写成表十篇,本纪十二篇,书八篇,世家三十篇,列传七十篇,共一百三十篇。也是想要探究天象和人事的关系,通晓自古至今的变化规律,成为一家之言。草稿还没有完成,正好遇上那场大祸,我痛惜全书未完,所以即使受最严厉的刑罚也毫无怨色。如果我著成那本书,就要把它藏在名山之中,传给合适的人,在四通八达的大都市里散布。这样,我从前被侮辱的旧债就能偿还了,即使被杀一万次,我难道会后悔吗?然而,这些话只能对有见识的人说,难以同一般人讲。

【原文】

且负下未易居,下流多谤议。仆以口语遇遭此祸,重为乡党所戮笑①,以污辱先人,亦何面目复上父母之丘墓乎？虽累百世,垢弥甚耳！是以肠一日而九回,居则忽忽若有所亡,出则不知其所往。每念斯耻,汗未尝不发背沾衣也。身直为闺阁之臣②,宁得自引深藏岩穴邪？故且从俗浮沉,与时俯仰,以通其狂惑。今少卿乃教以推贤进士,无乃与仆私心剌谬乎③？今虽欲自雕琢④,曼辞以自饰⑤,无益于俗不信,适足取辱耳。要之死日,然后是非乃定。书不能悉意,略陈固陋。谨再拜。

【注释】

①戮：羞辱。

②闺阁之臣：指宦官。

③剌(là)谬：违背,相反。

④雕琢：雕刻琢磨。本指玉,这里意为自我装饰。

⑤曼辞：粉饰之辞。

【译文】

　　而且,背着污辱之名的人不容易安身,地位卑下的人常常被诽谤、非难。我因言语而获罪,深深被故乡人耻笑,侮辱了祖先,又有什么脸面去给父母亲上坟呢？即使百世之后,这种侮辱也只会加深！所以我天天痛苦至极,居家则恍恍惚惚,若有所失,出门则不知要到哪里去。每当我想起那种耻辱,冷汗就从背上渗出,浸湿了衣服。我成了一个宦官,怎么能够自己引身而退,深藏到山林岩穴中去呢？所以暂且随波逐流,见机行事,以自我宽解内心的郁结。现在少卿却教导我推举贤人,引进才士,不正与我内心的想法相反吗？现在我即使想要修饰打扮,用美妙的言辞来粉饰自己,也没有用,一般人不会相信,只不过自取其辱罢了。总之,人死后是非方有定论。这封信不能完全表达我的意思,只是简略地陈述我鄙陋的意见。恭敬地再次叩首。

过秦论上

贾　谊

【原文】

秦孝公据崤、函之固①,拥雍州之地②,君臣固守,以窥周室③;有席卷天下、包举宇内、囊括四海之意,并吞八荒之心④。当是时也,商君佐之⑤,内立法度,务耕织,修守战之具,外连衡而斗诸侯。于是秦人拱手而取西河之外⑥。

【注释】

①秦孝公:名渠梁,公元前361年至公元前338年在位,任用商鞅变法,使秦国强大起来,为秦始皇统一中国奠定了基础。崤(xiáo):又作"崤",崤山。函:函谷关。这是秦国的东部边关。

②雍州:相传天下分为九州,雍州是其中之一。这里是指秦国当时统治的地区,在今陕西、甘肃、青海等部分地区。

③窥:偷看。这里是暗中打算,等待时机夺取之意。

④八荒:八方。

⑤商君:即商鞅。

⑥拱手:拱着手。这里是指不费力气。西河:当时秦魏两国交界的黄河西岸地区,原属魏国。公元前340年,商鞅攻打魏国,魏国将西河割让给秦国。之后,秦国再向东扩展,称"取西河之外"。

【译文】

　　秦孝公占据崤山和函谷关的险要地势,拥有雍州的土地,君臣牢牢固守着,并打算伺机夺取周王朝的政权。秦国怀有席卷天下、征服列国、控制四海的壮志,吞并八方的雄心。那个时候,商鞅辅佐秦孝公,对内制定各种法令制度,致力于发展农耕纺织,整修攻守的器械,对外实行连横的策略,使各国诸侯相互争斗。于是,秦人轻而易举地就夺取了西河以外的大片土地。

【原文】

　　孝公既没,惠文、武、昭蒙故业,因遗策,南取汉中,西举巴、蜀,东割膏腴之地,北收要害之郡。诸侯恐惧,会盟而谋弱秦,不爱珍器、重宝、肥饶之地,以致天下之士,合从缔交,相与为一。当此之时,齐有孟尝,赵有平原,楚有春申,魏有信陵。此四君者,皆明智而忠信,宽厚而爱人,尊贤而重士,约从离横,兼韩、魏、燕、楚、齐、赵、宋、卫、中山之众。于是六国之士,有宁越、徐尚、苏秦、杜赫之属为之谋,齐明、周最、陈轸、召滑、楼缓、翟景、苏厉、乐毅之徒通其意,吴起、孙膑、带佗、儿良、王廖、田忌、廉颇、赵奢之伦制其兵。尝以什倍之地、百万之众,叩关而攻秦①。秦人开关而延敌,九国之师,逡巡而不敢进②。秦无亡矢遗镞之费③,而天下诸侯已困矣。于是从散约解,争割地而赂秦。秦有余力而制其弊,追亡逐北④,伏尸百万,流血漂橹⑤。因利乘便,宰割天下,分裂河山。强国请服,弱国入朝。延及孝文王、庄襄王,享国之日浅⑥,国家无事。

【注释】

①叩:击。
②逡巡:迟疑徘徊,欲行又止。
③镞(zú):箭头。
④北:战败。
⑤橹:大盾牌。
⑥享国之日浅:孝文王在位仅数日,庄襄王在位三年。

【译文】

孝公死后,惠文王、武王、昭襄王,继承了原来的基业,继续推行孝公的政策,向南占领了汉中,向西夺取了巴蜀,向东割取了肥沃的土地,接收服了险要的郡县。中原诸侯大为恐慌,集会结盟,想要削弱秦国,不吝惜珍贵的器物、贵重的财宝、肥沃的土地来招揽天下的有才之士,联合各国结盟,相互支持,连为一体。那时,齐国有孟尝君,赵国有平原君,楚国有春申君,魏国有信陵君。这四位君子,都是办事明智而又讲求信义的人,为人宽厚而又爱护百姓,尊重贤能,重用有才之士。他们相约合纵而拆散连横,联合韩、魏、燕、楚、齐、赵、宋、卫和中山等各国的力量。于是,六国士人中有宁越、徐尚、苏秦、杜赫等人为他们出谋划策,有齐明、周最、陈轸、召滑、楼缓、翟景、苏厉、乐毅等人为他们沟通各国意见,有吴起、孙膑、带佗、兒良、王廖、田忌、廉颇、赵奢等人为他们统领军队。他们曾以比秦国大十倍的土地、数百万的军队攻打函谷关,进攻秦国。秦国人打开关门迎敌,九国的军队却退逃了,不敢前进一步。秦国没有破费一支箭,一个箭头,而天下的诸侯就已经陷入困境了。于是合纵阵线失效,同盟瓦解,诸侯们争着割让土地,贿赂秦国。这使秦国有余力去控制他们的弱点,追杀败逃的敌人,消灭上百万的军队,流淌的血将盾牌都漂起来了。秦国凭借有利的形势,乘机割取天下土地,使各国山河分裂。这样,实力强的诸侯请求归顺秦国,而实力弱的诸侯则赶来朝拜。传到孝文王和庄襄王,他们在位的时间较短,秦国没有发生重大的事件。

【原文】

及至始皇,奋六世之余烈①,振长策而御宇内,吞二周而亡诸侯,履至尊而制六合②,执敲扑以鞭笞天下③,威振四海。南取百越之地,以为桂林、象郡;百越之君,俯首系颈,委命下吏。乃使蒙恬北筑长城而守藩篱,却匈奴七百余里。胡人不敢南下而牧马,士不敢弯弓而报怨。于是废先王之道,燔百家之言④,以愚黔首。隳名城,杀豪俊,收天下之兵聚之咸阳,销锋镝⑤,铸以为金人十二,以弱天下之民。然后践华为城⑥,因河为池⑦,据亿丈之城,临不测之溪以为固。良将劲弩,守要害之处;信臣精卒,陈利兵而谁何!天下已定,始皇之心,自以为关中之固,金城千里,子孙帝王万世之业也。

【注释】

①奋:继承光大。六世:指秦孝公、惠文王、武王、昭襄王、孝文王、庄襄王。余烈:遗留的功业。
②至尊:指帝位。六合:天地四方。
③敲扑:棍子,古代的刑具,长的叫"敲",短的叫"扑"。
④燔(fán):焚烧。
⑤镝(dí):同"镝",箭头。
⑥华(huà):华山。
⑦河:黄河。

【译文】

到秦始皇的时候,他继承并光大前六代君主的辉煌功业,像挥动长鞭一样驾驭天下,吞并东、西二周,灭亡了各个诸侯国,登上尊贵的帝位而控制天下。他用严刑控制天下百姓,威震四海。他向南夺取了百越之地,设立桂林郡和象郡,百越的君主低着头,在脖子上系上绳子表示投降,听命于秦朝的下级官员。又派蒙恬在北方修筑长城并守卫这道屏障,击退匈奴七百余里。匈奴人再也不敢南下牧马,匈奴军队也不敢拿起武器来报仇。这时候,秦始皇废弃了先王的仁义之道,焚烧百家的书籍,愚昧百姓。他下令拆毁了坚固的城池,屠杀各地豪杰之士,收缴天下的兵器,集中在咸阳,销熔刀箭,制成了十二个金人,以此来削弱天下百姓反抗的力量。然后,以华山为城墙,以黄河为护城河,上据亿丈之高的城墙,下临深不可测的河水,用这天险作为坚固的屏障。优秀的将领带着精良的武器,把守各处要害关口。忠信的大臣率领精锐的士兵,拿着锋利的武器盘问来往的行人。天下已经平定,始皇心中自以为关中地区十分牢固,有千里铜墙铁壁般的城防,这是子孙万代称王称帝的不朽功业。

【原文】

始皇既没,余威震于殊俗。然而陈涉,瓮牖绳枢之子①,氓隶之人,而迁徙之徒也。材能不及中庸,非有仲尼、墨翟之贤,陶朱、猗顿之富,蹑足行伍之间,倔起阡陌之中,率罢弊之卒,将数百之众,转而攻秦。斩木为兵,揭竿为旗。天下云集而响应,赢粮而景从②,山东豪俊,遂并起而亡秦族矣。

【注释】

①瓮牖(yǒu)绳枢:用瓦瓮做窗户,用绳子系门板。形容房屋简陋。这里是指陈涉出身贫寒。

②赢(yíng):背负。景:同"影",像影子一样。

【译文】

秦始皇死后,他的余威还震慑着风俗不同的边远地区。但是,陈涉不过是个贫寒人家的儿子,是地位卑贱的人,被征派去戍边的人。他的才能赶不上一般的人,更没有孔丘、墨翟那样的贤能,也没有陶朱、猗顿的富有。他夹杂在戍卒的队伍中,在田野中奋起反抗,率领疲惫的士卒,带着几百个人,转头攻打秦朝。砍断树枝当兵器,举起竹竿作旗帜,天下百姓像乌云一样聚拢响应,背着粮食像影子一样跟随他,六国的豪杰一齐行动起来,这样便消灭了秦国。

【原文】

且夫天下非小弱也,雍州之地,殽、函之固,自若也。陈涉之位,不尊于齐、楚、燕、赵、韩、魏、宋、卫、中山之君也;锄、耰、棘矜①,不铦于钩、戟、长铩也②;谪戍之众,非抗于九国之师也;深谋远虑,行军用兵之道,非及曩时之士也③。然而成败异变,功业相反。试使山东之国,与陈涉度长絜大④,比权量力,则不可同年而语矣。然秦以区区之地,致万乘之权,招八州而朝同列⑤,百有余年矣。然后以六合为家,殽函为宫。一夫作难而七庙隳⑥,身死人手,为天下笑者,何也?仁义不施,而攻守之势异也。

【注释】

①耰(yōu):平整土地的一种农具,形状如榔头。
②铦(xiān):锋利。铩(shā):大矛。
③曩(nǎng):从前。
④度长絜(xié)大:量长短,比大小。
⑤招:攻取。
⑥作难(nàn):奋起反抗。七庙:天子的宗庙,代指王朝。按照周制,要奉祀七代祖先。一个王朝灭亡,它的宗庙也要被毁。

【译文】

那时候,天下并没有缩小和削弱,雍州的地势,崤山和函谷关的险固,还是与从前一样。陈涉的地位,没有齐、楚、燕、赵、韩、魏、宋、卫和中山君主尊贵;锄、耰和枣木杆没有钩、戟、长铩锋利;调派到边地戍守的几百个士卒不能与九国军队相提并论;他深谋远虑,指挥部队作战的本领,比不上从前六国的将士。可是,成败却发生了变化,成就功业的人正好相反。试将山东的诸侯国与陈涉比长短,论大小,较量一下权势力量,那是不能相提并论的了。当初秦国凭着一块小小的地方,发展到有万乘兵车的国力,夺取了八州的土地,使原来与秦地位相等的诸侯国前来朝拜,已经一百多年了。然后,秦国才把天下变成一家,把崤山和函谷关作为它的内宫。但是一个普通人反抗,秦王朝就灭亡了,皇子皇孙死在别人的手里,被天下人耻笑,这是什么原因呢?是因为不施行仁义,而攻守天下的形势不同了啊!

论贵粟疏

晁 错

【原文】

圣王在上,而民不冻饥者,非能耕而食之①,织而衣之也,为开其资财之道也。故尧、禹有九年之水,汤有七年之旱,而国无捐瘠者②,以畜积多而备先具也③。今海内为一,土地人民之众不避禹、汤,加以亡天灾数年之水旱④,而畜积未及者,何也?地有余利,民有余力,生谷之土未尽垦,山泽之利未尽出也,游食之民未尽归农也。民贫则奸邪生,贫生于不足,不足生于不农,不农则不地著⑤,不地著则离乡轻家,民如鸟兽,虽有高城深池,严法重刑,犹不能禁也。

【注释】

①食(sì):给……吃。
②捐瘠(jí):指饿死和瘦弱的人。捐,抛弃。瘠,瘦弱。
③畜(xù):同"蓄"。
④亡:同"无"。
⑤地著(zhuó):定居一地。

【译文】

圣明帝王的统治下,百姓不受冻挨饿的原因,并不是帝王能亲自种粮食给他们吃,能织布给他们穿,而是替老百姓开辟了资财的路子。所以尧、禹的时候有九年的大水,汤时有七年的旱灾,但是国家并没有被抛弃或瘦弱的人,因为积蓄很多而且事先有准备。如今全国统一,土地和人民的数量并不比禹、汤的时候少,而且没有遇到持续几年的水旱灾害,但是积蓄却比不上禹、汤的时候,这是为什么呢?土地没有全部利用,百姓还有余力,能生长庄稼的土地没有全部开垦,山林湖泊的资源没有完全发挥出来,在外游荡的人没有全部回乡务农。百姓贫困就会产生奸邪的行为。贫困是因为缺乏,缺乏是因为不从事农业生产,不从事农业生产则百姓不会安定下来,百姓不安定则会轻易离开家乡。百姓就像鸟兽一样,即使有高大的城墙、很深的护城河,严厉的法令、严酷的刑罚,也还是不能禁止他们。

【原文】

夫寒之于衣,不待轻暖;饥之于食,不待甘旨;饥寒至身,不顾廉耻。人情一日不再食则饥,终岁不制衣则寒。夫腹饥不得食,肤寒不得衣,虽慈母不能保其子,君安能以有其民哉!明主知其然也,故务民于农桑,薄赋敛,广畜积,以实仓廪,备水旱,故民可得而有也。

【译文】

人在寒冷的时候,不会等待有了又轻又暖的衣服才穿;在饥饿的时候,不会只等着美味可口的食物才吃。饥寒交迫的时候,人们就不会顾及廉耻。人的常情是,一天不吃两顿饭就会感到饥饿,整年不添置衣服就会挨冻。如果腹中饥饿而得不到食物,身体寒冷而得不到衣物,即便是慈母也不能保全她的儿子,君主又怎么能保有他的百姓呢?英明的君主懂得这个道理,所以鼓励百姓从事农业,植桑养蚕,减轻赋税,大量积蓄粮食,以便充实仓库,防备水旱灾害,这样就可以得到人民的拥护。

【原文】

民者,在上所以牧之。趋利如水走下,四方无择也。夫珠玉金银,饥不可食,寒不可衣,然而众贵之者,以上用之故也。其为物轻微易藏,在于把握,可以周海内而无饥寒之患,此令臣轻背其主,而民易去其乡,盗贼有所劝,亡逃者得轻资也。粟米布帛,生于地,长于时,聚于力,非可一日成也。数石之重,中人弗胜,不为奸邪所利,一日弗得而饥寒至。是故明君贵五谷而贱金玉。

【译文】

老百姓的行动,全在君主如何管理他们。他们追逐利益,如同水往低处流,不分东西南北。那些珠玉金银,饿的时候不能吃,寒冷的时候不能穿,但是大家都很珍视,就是因为君主需要用它们。作为物品,它们重量轻,体积小,容易收藏,拿在手中,走遍天下都不会担心饥寒之苦。这令臣子轻易背叛君主,老百姓轻易离开家乡,盗贼的活动受到鼓励,逃亡的人有了便于携带的财物。粟米布帛,从土地中生出来,按季节生长,收割要有一定的人力,这不是一天可以办成的事情。几石的重量,中等体力的人扛不起来,所以它也不能被坏人利用,可是一天没有它,就会挨饿受冻。所以,英明的君主重视五谷而轻视金银财宝。

【原文】

今农夫五口之家,其服役者不下二人,其能耕者不过百亩,百亩之收不过百石。春耕,夏耘,秋获,冬藏,伐薪樵,治官府,给徭役。春不得避风尘,夏不得避暑热,秋不得避阴雨,冬不得避寒冻,四时之间,无日休息。又私自送往迎来,吊死问疾,养孤长幼在其中。勤苦如此,尚复被水旱之灾,急政暴虐①,赋敛不时,朝令而暮改。当其,有者半贾而卖,亡者取倍称之息②。于是有卖田宅、鬻子孙以偿债者矣。而商贾大者积贮倍息,小者坐列贩卖,操其奇赢③,日游都市,乘上之急,所卖必倍。故其男不耕耘,女不蚕织,衣必文采,食必粱肉,亡农夫之苦,有阡陌之得。因其富厚,交通王侯④,力过吏势,以利相倾,千里游敖⑤,冠盖相望,乘坚策肥,履丝曳缟⑥,此商人所以兼并农人,农人所以流亡者也。今法律贱商人,商人已富贵矣;尊农夫,农夫已贫贱矣。故俗之所贵,主之所贱也;吏之所卑,法之所尊也。上下相反,好恶乖迕⑦,而欲国富法立,不可得也。

【注释】

①急政(zhēng):催逼征收赋税。政,同"征"。

②倍称之息:加倍的利息。

③操其奇赢:囤积居奇,投机倒把。奇赢,高额利润。

④交通:勾结。

⑤游敖:游玩。敖,同"遨"。

⑥履丝曳(yè)缟(gǎo):穿着丝鞋,披着丝织长衣。履,穿。曳,拖,披。缟,白色的丝织品。

⑦乖迕(wǔ):违背。

【译文】

如今一个有五口人的农夫家,至少有两个人服役,能够耕种的土地不过百亩,百亩的收成也不过百石。他们春天耕种,夏天除草,秋天收获,冬天贮藏,还要砍柴打草,修治官府,服徭役。他们春天不能躲避风尘,夏天不能躲避暑热,秋天不能避阴雨,冬天不能避寒冻,一年四季,没有一天能够休息。在这中间,又有亲戚朋友之间的往来,吊祭死者,慰问病人,赡养孤老,抚养幼童。如此辛勤劳作,还要遭受水旱之灾,官府急征暴敛,收税没有定时,早上下达的命令,晚上就更改。交税的时候,百姓有粮食的，就半价出售，没有粮食的，就只好用加倍的利息去借贷。于是就出现了卖田宅和儿孙来还债的事情。而那些商人，资金多的就囤积粮食，收取加倍的利息；资金少的就开设店铺买卖，投机取巧。这些人整天在都市里转悠，趁着朝廷急需的时候，就用翻倍的价格出售。这些人，男的不耕作土地，女的不养蚕织布，穿衣服一定是绫罗绸缎，吃饭一定是细粮和肉，没有受农夫那样的苦，却能享受田地的收成。他们仗着自己的财富，勾结王侯，势力超过了朝廷的官员。他们凭借财富相互倾轧，奔走千里之外，四处游走，彼此可以看见冠服和车盖。他们乘坐坚固的车子，骑着肥壮的马，穿着丝鞋，披着绸衣。这就是商人掠夺农民，而农民四处流亡的原因。现在的法律轻视商人，可是商人已经很富贵了；重视农民，但是农民已经很贫贱了。一般人尊重的，正是君主所轻视的；一般官吏所轻视的，正是法律所重视的。君主和百姓正好相反，喜好和厌恶正相违背，这样还想使国家富强，法律生效，是不可能的。

【原文】

　　方今之务，莫若使民务农而已矣。欲民务农，在于贵粟，贵粟之道，在于使民以粟为赏罚。今募天下入粟县官，得以拜爵，得以除罪。如此，富人有爵，农民有钱，粟有所渫①。夫能入粟以受爵，皆有余者也。取丁有余，以供上用，则贫民之赋可损，所谓损有余补不足，令出而民利者也。顺于民心，所补者三：一曰主用足；二曰民赋少；三曰劝农功。今令："民有车骑马一匹者，复卒三人。"车骑者，天下武备也，故为复卒②。神农之教曰："有石城十仞③，汤池百步④，带甲百万，而亡粟，弗能守也。"以是观之，粟者，王者大用，政之本务。令民入粟受爵，至五大夫以上，乃复一人耳。此其与骑马之功,相去远矣。爵者,上之所擅,出于口而无穷;粟者,民之所种,生于地而不乏。夫得高爵与免罪,人之所甚欲也。使天下人入粟于边,以受爵免罪,不过三岁,塞下之粟必多矣。

【注释】

①渫(xiè):分散。
②复卒:免除兵役。
③仞:古代以七尺或八尺为一仞。十仞,不是实数,形容很高。
④汤池:汤,沸水。池,护城河。比喻险要的城防。

【译文】

如今当务之急,莫过于引导百姓从事农业生产。而希望百姓从事农业,关键就在于重视粮食,而重视粮食的方法,在于使百姓用粮食来求赏免罚。现在号召天下的人向官府交纳粮食,可以封爵,可以免罪。这样一来,富人有了爵位,农民有了钱,粮食因而得到流通。那些能够交纳粮食来取得爵位的,都是富裕的人。从富人那里得到多余的粮食,供给朝廷使用,则可以减轻贫苦农民的赋税。这就是所谓的损有余、补不足,命令一出,百姓就会受益。它顺应民心,好处有三个方面:一是君主所需的物资充足;二是百姓的赋税减轻;三是鼓励百姓从事农业。现在的法令规定,百姓有一匹战马,就可以免除三个人的兵役。驾马是国家的军事装备,所以可以使人免除兵役。神农氏教导说:"有高达十仞的石头砌墙,宽达百步的沸水护城河,甲装备的百万军队,然而没有粮食,就不能守住。"由此看来,粮食才是帝王最重要的物资,是治理国家最根本的条件。让百姓交纳粮食得到爵位,爵位封到五大夫以上才免除一个人的兵役,这和交纳战马的功用相比差远了。爵位,是帝王专有的,出于皇帝之口而没有限制;粮食,是农民耕种的,产于地下而没有缺乏。得到高的爵位和免除刑罚,这都是人们希望的。如果让天下的百姓都交纳粮食,用于边塞,以此换得爵位或是免除刑罚,那么不超过三年,边塞的粮食就必定很充足了。

前出师表

诸葛亮

【原文】

臣亮言:先帝创业未半而中道崩殂①。今天下三分,益州疲敝,此诚危急存亡之秋也。然侍卫之臣不懈于内,忠志之士忘身于外者,盖追先帝之殊遇,欲报之于陛下也。诚宜开张圣听,以光先帝遗德,恢宏志士之气,不宜妄自菲薄②,引喻失义③,以塞忠谏之路也。宫中府中④,俱为一体,陟罚臧否⑤,不宜异同。若有作奸犯科及为忠善者,宜付有司论其刑赏⑥,以昭陛下平明之治,不宜偏私,使内外异法也。

【注释】

①先帝:指刘备。崩殂(cú):古时指皇帝去世。

②妄自菲薄:随便看轻自己。

③引喻失义:言谈不合大义。引,称引。喻,譬喻。

④宫中:指宫廷内。府中:指丞相府。

⑤陟(zhì):提升。臧(zāng):善,引申为赞扬。否(pǐ):恶,引申为批评。

⑥有司:主管部门或官吏。

【译文】

臣诸葛亮进言:先帝创建的事业还未完成一半就中途去世,现在天下分成三国,蜀汉疲乏困顿,这真是生死存亡的关头了。然而在朝廷内,侍奉卫护陛下的大臣们毫不懈怠;在朝廷外,忠贞的将士奋不顾身,这是因为大家在怀念先帝对他们不同一般的待遇,要报答给陛下啊。陛下确实应该广泛地听取大家的意见,以此来光大先帝遗留下的美德,振奋志士的勇气,不可随便看轻自己,言谈训谕时有失大义,以致阻塞臣民向您尽忠规劝的道路。宫中的侍臣和丞相府的官吏,都是一个整体,对他们的升罚奖惩,不应该有差异。如果有做坏事违法乱纪的或尽忠做好事的,应该交由有关官员评审应受什么处罚或受什么奖赏,以此来显示陛下处事的公正贤明,不可有所偏袒,使得内外法令不一。

【原文】

侍中、侍郎郭攸之、费祎、董允等,此皆良实,志虑忠纯,是以先帝简拔以遗陛下。愚以为宫中之事①,事无大小,悉以咨之,然后施行,必能裨补阙漏,有所广益。将军向宠,性行淑均②,晓畅军事,试用于昔日,先帝称之曰能,是以众议举宠以为督。愚以为营中之事,事无大小,悉以咨之,必能使行阵和穆,优劣得所也。亲贤臣,远小人,此先汉所以兴隆也;亲小人,远贤臣,此后汉所以倾颓也。先帝在时,每与臣论此事,未尝不叹息痛恨于桓、灵也③。侍中、尚书、长史、参军,此悉贞亮死节之臣也,愿陛下亲之信之,则汉室之隆,可计日而待也。

【注释】

①愚:对自己的谦称。

②淑:和善。均:公平。

③桓:汉桓帝。灵:汉灵帝。二人皆是东汉末期极昏庸的皇帝。

【译文】

　　侍中、侍郎郭攸之、费祎、董允等人,都是善良诚实的人,心志都忠贞纯正,所以先帝选拔出来留给陛下。臣认为宫廷中的事,无论大小,都要询问他们,然后再执行,必定能够补救疏漏,扩大效益。将军向宠,品性善良公正,通晓军事,当初曾被任用过,先帝称赞他能干,所以大家推举他做中部督。臣认为军营中的事务,无论大小,都要征询他的意见,一定能使军队协调齐心,才能不同的人各得其所。亲近贤臣,疏远小人,这是西汉所以兴盛的原因;亲近小人,疏远贤臣,这是东汉所以衰败的原因。先帝活着的时候,每逢与臣下议论到这件事,没有不对桓、灵二帝的作为表示叹息、遗憾的。侍中、尚书、长史、参军,这些都是坚贞正直、能以死报国的臣子,希望陛下亲近他们,信任他们,这样汉朝的复兴就指日可待了。

【原文】

　　臣本布衣,躬耕于南阳,苟全性命于乱世,不求闻达于诸侯。先帝不以臣卑鄙①,猥自枉屈②,三顾臣于草庐之中,咨臣以当世之事,由是感激,遂许先帝以驱驰。后值倾覆,受任于败军之际,奉命于危难之间,尔来二十有一年矣。先帝知臣谨慎,故临崩寄臣以大事也。受命以来,夙夜忧叹③,恐托付不效,以伤先帝之明,故五月渡泸④,深入不毛⑤。今南方已定,兵甲已足,当奖帅三军,北定中原,庶竭驽钝⑥,攘除奸凶,兴复汉室,还于旧都⑦。此臣所以报先帝而忠陛下之职分也。至于斟酌损益,进尽忠言,则攸之、祎、允之任也。

【注释】

①卑鄙:地位低下,见识浅陋。

②猥:谦辞,卑下。枉屈:枉驾、屈尊。
③夙夜:日夜。
④泸:泸水,即金沙江。
⑤不毛:指荒凉之地。毛,草木。
⑥驽钝:比喻才能低劣。
⑦旧都:指两汉都城长安与洛阳。

【译文】

臣本是一个平民,在南阳务农耕田,只求在乱世中能保全性命,不想向诸侯谋求高官厚禄和显赫的名声。先帝不因臣低贱浅陋而介怀,不惜降低身份而三顾茅庐,向臣询问天下大事,臣因此感动,就答应为先帝效力。后来战事失败,臣在兵败、危难的时候,接受了任命,到现在已有二十一年了。先帝知道臣处事谨慎,所以在临终时把国家大事托付给臣。接受先帝遗命以来,臣日夜担心叹息,唯恐托付给我的大任不能完成,从而有损先帝的声名,所以臣在五月渡过泸水,深入荒凉之地。现在南方已经平定,装备已经充足,应该带领三军北伐以恢复中原,但愿能竭尽绵力,扫除奸邪,复兴汉朝的皇室,回到原来的首都。这就是臣用来报答先帝并效忠于陛下的职责。至于权衡利弊得失,向陛下进献忠言,那是郭攸之、费祎、董允他们的责任了。

【原文】

愿陛下托臣以讨贼兴复之效;不效,则治臣之罪,以告先帝之灵。若无兴德之言,则责攸之、祎、允之咎,以彰其慢。陛下亦宜自谋,以咨诹善道①,察纳雅言,深追先帝遗诏,臣不胜受恩感激。今当远离,临表涕泣,不知所云。

【注释】

①咨诹(zōu):询问。

【译文】

　　希望陛下把讨伐奸贼兴复汉室的大事交付给臣；如果没有成效，就治臣的罪，来告慰先帝的在天之灵。如果没有劝勉陛下发扬圣德的忠言，那就要追究郭攸之、费祎、董允等人的过错，来公布他们的怠慢。陛下也应该自己思虑谋划，征询好的治国方略，了解并接受忠正的言论，牢记先帝的遗愿，臣就感恩不尽了。现在就要离开去远征，写表文时不禁流泪，不知道自己说了些什么。

陈 情 表

李 密

【原文】

臣密言:臣以险衅^①,夙遭闵凶^②。生孩六月,慈父见背^③;行年四岁,舅夺母志^④。祖母刘,愍臣孤弱,躬亲抚养。臣少多疾病,九岁不行,零丁孤苦,至于成立。既无叔伯,终鲜兄弟。门衰祚薄^⑤,晚有儿息。外无期功强近之亲^⑥,内无应门五尺之童,茕茕孑立^⑦,形影相吊。而刘夙婴疾病^⑧,常在床蓐。臣侍汤药,未尝废离。

【注释】

①险衅:灾难与祸患,指命运坎坷。

②闵凶:不幸的事情。

③慈父见背:指父亲去世。见背,弃我而去,指死亡。

④舅夺母志:指李密的舅舅强迫他的母亲改嫁。

⑤门衰祚(zuò)薄:家门衰落,缺少福气。祚,福气。

⑥期(jī)功:均指服丧期。期,服丧一年。功,服丧九个月叫"大功",服丧五个月叫"小功"。

⑦茕茕(qióng):孤单的样子。

⑧婴:缠绕。

【译文】

臣李密上言:我因为命运坎坷,幼年时就遭到不幸。生下来才六个月,父亲就去世了;四岁的时候,舅父强迫我的母亲改嫁。祖母刘氏可怜我孤单弱小,亲自抚养我。我小时候经常生病,九岁还不能走路,孤独无靠,直到长大成人。既没有叔叔伯伯,也没有兄弟,门庭衰微,福气浅薄,很晚才有儿子。外面没有亲近的亲戚,家里也没有照管门户的僮仆。孤单无靠地独立生活,只有和自己的影子做伴。而祖母刘氏很早就被疾病缠绕,经常卧病在床。我侍奉饮食医药,从来没有离开过她。

【原文】

逮奉圣朝,沐浴清化。前太守臣逵,察臣孝廉①。后刺史臣荣,举臣秀才。臣以供养无主,辞不赴命。诏书特下,拜臣郎中;寻蒙国恩,除臣洗马②。猥以微贱,当侍东宫,非臣陨首所能上报。臣具以表闻,辞不就职。诏书切峻,责臣逋慢③;郡县逼迫,催臣上道;州司临门,急于星火。臣欲奉诏奔驰,则以刘病日笃;欲苟顺私情,则告诉不许。臣之进退,实为狼狈。

【注释】

①孝廉:汉武帝时设立的一个察举科目,由地方官员向中央推荐孝顺父母、操行出众的人。

②洗(xiǎn)马:太子的属官。

③逋(bū)慢:回避怠慢。

【译文】

到了圣朝,我享受着清明政治的教化。前些时候,太守逵推举我为孝廉,后来刺史荣又推举我为秀才。我因为没有人照料祖母,就辞谢而没有应职。朝廷又特地颁下诏书,任命我为郎中;不久又蒙受国恩,任命我为洗马。以我这样卑微低贱的人去侍奉太子,这是我肝脑涂地也不能报答的。我将以上苦衷上表报告,辞谢不去就职。但是诏书急切严峻,责备我回避怠慢;郡县长官催促我立刻上路;州官也登门督促,比星火还要急。我很想奉命为国奔走效力,但是祖母刘氏的病情却一天比一天严重;想迁就自己的私情,但是报告申诉又得不到准许。我现在是进退两难,十分狼狈。

【原文】

伏惟圣朝以孝治天下,凡在故老,犹蒙矜育,况臣孤苦,特为尤甚。且臣少事伪朝,历职郎署,本图宦达,不矜名节。今臣亡国贱俘,至微至陋,过蒙拔擢,宠命优渥,岂敢盘桓①,有所希冀?但以刘日薄西山,气息奄奄,人命危浅,朝不虑夕。臣无祖母,无以至今日;祖母无臣,无以终余年。祖孙二人,更相为命,是以区区不能废远。臣密今年四十有四,祖母刘今年九十有六,是臣尽节于陛下之日长,报刘之日短也。乌鸟私情,愿乞终养。

【注释】

①盘桓:徘徊不前。

【译文】

我想圣朝是以孝道来治理天下的,凡是故旧老人,尚且受到怜惜抚养,何况我的孤苦更为厉害呢!况且,我年轻的时候曾经做过伪朝蜀汉的郎官,本来就是希望能够宦途通达,并不计较名誉节操。现在,我只是一个卑贱的亡国之俘,实在渺小鄙陋,承蒙得到提拔,而且恩命十分优厚,怎敢徘徊观望而有什么其他的企求呢?只因为祖母刘氏已如同太阳迫近西山,奄奄一息,生命垂危,现在已经处于朝不保夕的境地。我如果没有祖母,就不可能活到今天;祖母如果没有我,也不能够度过她剩下的岁月。我们祖孙二人,相依为命,因此我心里确实不愿意抛弃她,远离她。我今年四十四岁,祖母刘氏九十六岁。我以后效忠于陛下的日子还很长,但是报答祖母的日子却很短了。我怀着像乌鸦反哺一样的私情,希望陛下能够准许我为祖母养老送终。

【原文】

臣之辛苦,非独蜀之人士及二州牧伯所见明知,皇天后土,实所共鉴。愿陛下矜愍愚诚①,听臣微志,庶刘侥幸,卒保余年。臣生当陨首,死当结草②。臣不胜犬马怖惧之情,谨拜表以闻。

【注释】

①矜愍:怜悯。
②结草:报恩。《左传·宣公十五年》记载,春秋时,晋大夫魏武子病危的时候对儿子魏颗说,他死后要将他的宠妾殉葬。魏颗没有照办。后来魏颗与秦将杜回作战,见一老人用草绳绊倒杜回,因而俘获杜回。夜晚,魏颗梦见结草老人,老人自称是宠妾的父亲,特来报恩。后人将报答恩人的心愿称为"结草"。

【译文】

我的苦衷,不仅蜀地的人和益州、梁州的长官看见并了解,就是天地神明也实在看得清清楚楚。希望陛下能怜惜我愚昧至诚的心意,准许我这点微小的愿望,或许祖母刘氏还能够享受余下的晚年。我活着愿意拼命效力,死后愿意结草来报答陛下的恩德。我怀着犬马在主人面前的恐惧心情,恭敬地呈上这份奏章让您知道这件事。

兰亭集序

王羲之

【原文】

　　永和九年①,岁在癸丑,暮春之初,会于会稽山阴之兰亭②,修禊事也③。群贤毕至,少长咸集。此地有崇山峻岭,茂林修竹;又有清流激湍,映带左右,引以为流觞曲水④。列坐其次,虽无丝竹管弦之盛,一觞一咏,亦足以畅叙幽情。是日也,天朗气清,惠风和畅。仰观宇宙之大,俯察品类之盛,所以游目骋怀,足以极视听之娱,信可乐也。

【注释】

　　①永和:晋穆帝年号。永和九年,即公元353年。

　　②会(kuài)稽:郡名,治所在今浙江绍兴。山阴:县名,治所在今浙江绍兴。

　　③修禊(xì):古代的一种习俗,在三月上旬的巳日(魏以后规定为三月三日),人们到水边嬉戏,以祛除不祥。后演变为一种三月三日到水边宴饮、郊外春游一类的活动。

　　④流觞(shāng)曲水:把酒杯倒满酒放在曲水上,让它自然漂流,杯子停在谁的面前,谁就取杯饮酒。觞,酒杯。曲水,回环的水。

【译文】

　　永和九年,即癸丑年。三月初,我们在会稽郡山阴县的兰亭举行聚会,到水边举行消灾求福的活动。许多有名望的人士都来了,有年轻的,也有年长的。这里有高山大岭,有茂密的树林和高高的竹丛,又有清澈湍急的溪流,辉映环绕在亭子左右。把溪水引到环形的水渠里来,人们在曲水旁边排列而坐,虽然没有管弦齐奏的盛况,但是一边饮酒,一边赋诗,也足以痛快地表达各自幽深的情怀。这天天气晴朗,和风轻轻吹来。抬头观览天空宽广无边,低头观察地上物类如此繁多,这样来放眼纵览,开阔胸怀,穷尽视听的享受,实在是很快乐。

【原文】

夫人之相与,俯仰一世①,或取诸怀抱,晤言一室之内;或因寄所托,放浪形骸之外。虽取舍万殊,静躁不同,当其欣于所遇,暂得于己,快然自足,曾不知老之将至。及其所之既倦,情随事迁,感慨系之矣。向之所欣,俯仰之间,已为陈迹,犹不能不以之兴怀。况修短随化,终期于尽。古人云:"死生亦大矣。"岂不痛哉!

【注释】

①俯仰:抬头和低头。比喻人生短暂。

【译文】

人们彼此相处,一生非常短暂。有的人喜欢讲自己的志趣抱负,在室内跟朋友面对面地交谈;有的人就着自己所爱好的事物寄托情怀,旷达开朗,放纵游乐。虽然人们取舍不同,有的好静,有的好动,性格也不相同,但是当他们对所接触的事物感到高兴时,一时间就很自得,快乐而自足,竟忘记了衰老即将到来。等到对于自己所喜爱的事物感到厌倦时,心情就随着境况的变化而变化,感慨油然而生。以前感到欢快的事,顷刻之间成为往昔,仍然不能不因此感慨万分,更何况人的生命长短不一,完全听凭造化,而最后一切都化为乌有呢?古人说:"生死是人生一件大事啊!"怎能不让人感到悲痛呢?

【原文】

每览昔人兴感之由,若合一契,未尝不临文嗟悼,不能喻之于怀。固知一死生为虚诞,齐彭殇为妄作①。后之视今,亦犹今之视昔,悲乎!故列叙时人,录其所述,虽世殊事异,所以兴怀,其致一也。后之览者,亦将有感于斯文。

【注释】

①齐:等同。彭:彭祖,传说他生活在尧舜禹时代,活了八百岁。殇(shāng):未成年而死。

【译文】

每当我看到前人发生感慨的缘由,跟我所感慨的那样契合时,总是面对着他们的文章而嗟叹感伤,心里又不明白为什么会这样。我本来就知道把生和死同等看待是很荒诞的,把长寿和短命同等看待也是虚妄的。后人看待今天,也像今人看待过去一样,真是可悲啊!因此,我一一记下参加这次聚会的人,并抄录了他们的诗作。尽管时代不同,情况也不同,但引起人们感慨的情致则是一样的。后代的读者读这本诗集时,也将会有同样的感慨。

归去来辞

陶渊明

【原文】

归去来兮①,田园将芜,胡不归!既自以心为形役②,奚惆怅而独悲!悟已往之不谏,知来者之可追。实迷途其未远,觉今是而昨非。舟遥遥以轻扬,风飘飘而吹衣。问征夫以前路③,恨晨光之熹微④。

【注释】

①归去来:归去的意思。来,语气词。

②形:形体。役:役使。

③征夫:路上的行人。

④熹(xī)微:天色微明。

【译文】

回去吧!田园快要荒芜了,为什么还不回去呢?既然自认为心志已经被形体所役使,又为什么如此失意而独自伤悲呢?我意识到过去的错误已不可挽回,却知道未来的事情还可以补救。我误入迷途实在还不算太远,已经觉悟到现在正确而过去错误了。船在漫长的水路上轻快地飘荡前进,微风徐徐地吹动着上衣。向行人打听前面的道路,恨晨光还是这样朦胧不明。

【原文】

乃瞻衡宇①,载欣载奔。僮仆欢迎,稚子候门。三径就荒,松菊犹存。携幼入室,有酒盈樽。引壶觞以自酌,眄庭柯以怡颜②。倚南窗以寄傲,审容膝之易安③。园日涉以成趣,门虽设而常关。策扶老以流憩,时矫首而遐观。云无心以出岫,鸟倦飞而知还。景翳翳以将入④,抚孤松而盘桓。

【注释】

①衡宇:以横木为门的房屋。形容居处简陋。
②眄(miǎn):斜视。这里是浏览的意思。
③容膝:只能容下膝盖。形容房屋很小。
④翳翳(yì):昏暗的样子。

【译文】

望见自己的陋屋,我高兴得直往前奔跑起来。童仆欢喜地前来迎接,孩子们迎候在家门前。庭院的小路已经长满了小草,但是松菊还是和以前一样。带着孩子们走进家里,屋里摆着盛满酒的酒樽。我拿过酒壶酒杯来自斟自饮,看着庭院里的树木真使我感到愉快。靠着南窗寄托着我的傲世情怀,觉得身居小屋反而心绪安宁。每天在园子里散步很有乐趣,虽然有门却常常关着。我拄着手杖悠闲地漫步,随处休息,不时地抬起头来看看远处的天空。白云自然地从山峰飘出,鸟儿飞倦了也知道自己要回巢。日光渐渐暗了下来,太阳即将要落山了,我抚摸着孤松,徘徊着不愿意离开。

【原文】

归去来兮,请息交以绝游。世与我而相遗,复驾言兮焉求!悦亲戚之情话,乐琴书以消忧。农人告余以春及,将有事于西畴。或命巾车,或棹孤舟。既窈窕以寻壑①,亦崎岖而经丘。木欣欣以向荣,泉涓涓而始流。

羡万物之得时,感吾生之行休。

【注释】

①窈窕(yǎo tiǎo):幽深曲折。

【译文】

回去吧!我要谢绝与世人的交游。既然世俗与我志趣不相合,我还驾车出去又有什么可追求的呢?亲戚间说说知心话叫人心情欢悦,抚琴读书来解闷消愁。农夫们告诉我春天已经来临了,我将要到西边的田里去耕耘。有时驾着小车,有时划着小舟。有时沿着蜿蜒的溪水进入山谷,有时循着崎岖的小路走过山丘。树木欣欣向荣,泉水缓缓流动。我羡慕万物得逢春天的滋润,感叹自己的一生即将要终结了。

【原文】

已乎矣!寓形宇内复几时,曷不委心任去留?胡为遑遑欲何之?富贵非吾愿,帝乡不可期。怀良辰以孤往,或植杖而耘耔①。登东皋以舒啸②,临清流而赋诗。聊乘化以归尽,乐夫天命复奚疑!

【注释】

①耘耔(yún zǐ):除草培土。
②皋(gāo):水边高地,山岗。

【译文】

算了吧!寄身于天地间还有多少时光,何不按照自己的心意决定去留呢?为什么还要心神不宁地想去什么地方呢?企求富贵不是我的心愿,寻觅仙境也没有希望。爱惜这美好的时光独自外出游览,或者将手杖插在田边,去田间除草培苗。登上东边的高岗放声长啸,面对清澈的流水吟诵诗篇。姑且随着大自然的变化了结一生吧,高兴地接受天命还有什么疑虑!

桃花源记

陶渊明

【原文】

　　晋太元中①,武陵人捕鱼为业。缘溪行,忘路之远近。忽逢桃花林,夹岸数百步,中无杂树,芳草鲜美,落英缤纷②。渔人甚异之。复前行,欲穷其林。

【注释】

　　①太元:东晋孝武帝的年号,公元376年至公元396年。
　　②落英:初开的花朵。

【译文】

　　东晋孝武帝年间,武陵有个以捕鱼为业的人。有一天,他沿着溪水前行,忘记了路程的远近。忽然遇到一片桃花林,在小溪的两岸绵延数百步,中间没有别的树,花草新鲜漂亮,初开的花朵繁多交杂。渔人感到很奇怪。他继续前行,想要走到桃林的尽头。

【原文】

　　林尽水源,便得一山。山有小口,仿佛若有光。便舍船,从口入。初极狭,才通人。复行数十步,豁然开朗。土地平旷,屋舍俨然,有良田、美池、桑竹之属。阡陌交通①,鸡犬相闻。其中往来种作,男女衣着,悉如外人。黄发垂髫②,并怡然自乐。见渔人,乃大惊,问所从来,具答之。便要还家③,设酒杀鸡作食。村中闻有此人,咸来问讯。自云先世避秦时乱,率妻子邑人来此绝境,不复出焉,遂与外人间隔。问今是何世,乃不知有汉,无论魏、晋。此人一一为具言所闻,皆叹惋。余人各复延至其家,皆出酒食。停数日,辞去。此中人语云:"不足为外人道也。"

【注释】

①阡陌:田间的小路。南北方向称"阡",东西方向称"陌"。交通:互相通达。

②黄发垂髫(tiáo):老人和小孩。垂髫,儿童头上垂下的短发,代指儿童。

③要:同"邀",邀请。

【译文】

桃林的尽头,是水流的发源地,那里有一座小山。山下有个山洞,好像有些光亮。于是他丢下船,从洞口进去。起初非常狭窄,仅仅容一个人通过。再向前走几十步,眼界突然开阔起来。土地非常平坦,房屋整整齐齐地排列,有肥沃的土地、美丽的池水、茂密的桑树竹林等等。田间的小路纵横交错,鸡鸣狗叫此彼起伏。人们在田间往来耕作,男女穿的衣服,都和外界的人一样。老老少少都无忧无虑,欢乐愉快。他们看见渔人,非常惊奇,问他从什么地方来,渔人都告诉了他们。他们邀请渔人到自己家里做客,杀鸡摆酒招待他。村子里的人听说来了这样一个人,都前来询问消息。他们自称祖先为了躲避秦代的战乱,便带着妻子儿女和乡邻们来到这块与世隔绝的好地方,再没有出去过,于是他们和外界断绝了往来。他们询问现在是什么朝代,竟然不知道有汉朝,更不知道有魏晋了。渔人把自己所知道的情况一一说给他们听,他们听完后都非常感慨。其余的人都各自邀请渔人去自己家里做客,拿出酒饭招待他。

渔人停留了几天之后,就辞别离开了。桃源的人叮嘱他说:"用不着向外面的人讲起。"

【原文】

既出,得其船,便扶向路,处处志之。及郡下,诣太守,说如此。太守即遣人随其往,寻向所志,遂迷,不复得路。

南阳刘子骥,高尚士也,闻之,欣然规往①。未果,寻病终。后遂无问津者②。

【注释】

①规往:打算前往。
②问津:询问渡口。这里是指访问、寻求。

【译文】

渔人出了洞口,找到自己的船,沿着来时的路,处处做标记。回到武陵以后,他便去拜见太守,述说遇到的情况。太守随即派人跟随他一同前往,寻找先前的标记,竟然迷失了方向,再也找不到原来的路。

南阳人刘子骥,志趣高雅,听说这件事之后,便高高兴兴地打算前往寻找桃花源。但没有找到,不久便生病去世了。后来就再也没有寻找桃花源的人了。

五柳先生传

陶渊明

【原文】

先生不知何许人也,亦不详其姓字。宅边有五柳树,因以为号焉。闲静少言,不慕荣利。好读书,不求甚解,每有会意,便欣然忘食。性嗜酒,家贫不能常得。亲旧知其如此,或置酒而招之。造饮辄尽,期在必醉,既醉而退,曾不吝情去留①。环堵萧然②,不蔽风日,短褐穿结③,箪瓢屡空④,晏如也。常著文章自娱,颇示己志。忘怀得失,以此自终。

【注释】

①吝情:舍不得。

②环堵:四周的墙壁。

③短褐:粗布短衣。穿:破。结:打结,缝补。

④箪(dān)瓢屡空:饮食经常不足。箪,竹制的器具。瓢,饮水的器具。

【译文】

先生不知道什么地方人,也不清楚他的姓氏和名字。他的住宅旁有五棵柳树,因此便以此为号。他闲散恬静、寡言少语,不贪慕荣华富贵,也不追逐利禄。他喜欢读书,但并不深究字句的解释,每当读到会意的地方,便欢喜地忘记了吃饭。他喜欢喝酒,但家里很贫困,不能常常喝到。亲朋旧友知道他这样,有的就备酒请他去喝。他一到便要喝个痛快,图个大醉。醉后,便向主人告辞,也不拘泥于去留。他家徒四壁,空空荡荡,不能遮风挡雨,穿着粗布短衣,常常破烂不堪,打满了补丁;缺吃少喝,篮子里和瓢里时常什么都没有,但他却安然自在。他常常写文章自我欣赏,很能表示自己的志趣。他能够忘却世俗的得失,愿意这样度过自己的一生。

【原文】

赞曰:黔娄有言①:"不戚戚于贫贱,不汲汲于富贵。"其言兹若人之俦乎②?衔觞赋诗,以乐其志,无怀氏之民欤?葛天氏之民欤③?

【注释】

①黔娄:春秋时鲁国人,不求仕进,独善其身的隐士。
②俦(chóu):类。
③无怀氏、葛天氏:都是传说中上古时代的帝王,他们生活的时代,民风古朴淳厚。

【译文】

赞说:黔娄说过:"不为处境贫贱而忧伤,也不为追求富贵而四处奔波。"这大概说得就是这样的人吧!口含着酒杯,吟诗作赋,使自己的志向得到满足,他是无怀氏时代的人呢?还是葛天氏时代的人呢?

谏太宗十思疏

魏 徵

【原文】

臣闻求木之长者,必固其根本;欲流之远者,必浚其泉源①;思国之安者,必积其德义。源不深而望流之远,根不固而求木之长,德不厚而思国之安,臣虽下愚,知其不可,而况于明哲乎!人君当神器之重,居域中之大②,不念居安思危,戒奢以俭,斯亦伐根以求木茂,塞源而欲流长也。

【注释】

①浚(jùn):深挖。
②域中:指天地之间。

【译文】

臣听说想要树木长得高大,就要加固它的根干;想要河水流得长远,就要疏通它的源头;想要国家安定,就要积累恩德和仁义。源头不深,却希望水流得长远,根干不牢固,却想树木长得高大,德义不深厚,却希望国家安定,我虽然愚昧,却知道这是不可能的,更何况是圣明的人呢?君主应当承担帝王的重任,处于天地间最高的地位,不想着居安思危,戒除奢侈,厉行节俭,这也就是砍断树根而想树木茂盛,堵塞源头又想水流长远啊!

【原文】

凡昔元首,承天景命①,善始者实繁,克终者盖寡。岂取之易,守之难乎?盖在殷忧②,必竭诚以待下;既得志,则纵情以傲物。竭诚,则吴越为一体;傲物,则骨肉为行路。虽董之以严刑③,震之以威怒,终苟免而不怀仁,貌恭而不心服。怨不在大,可畏惟人。载舟覆舟,所宜深慎。

【注释】

①景:大。
②殷忧:深深的忧虑。
③董:监督。

【译文】

过去的所有帝王,秉承上天的大命,有良好开端的很多,但能坚持到底的却很少。难道取得天下容易,守住天下就这么难吗?这大概是他们在遇到深重的忧患时,一定竭尽诚心来对待下属,但是得到天下之后,便是放纵自己的意志,傲慢待人。竭尽诚心,则吴、越这样的仇人也能团结在一起;傲慢待人,则骨肉之间也会形同路人。即使用严刑来监督,用威严来震慑,但最终使人只图免除刑罚,而不会感怀恩德,外表恭顺而内心不会服从。怨恨不在大小,可怕的是百姓。百姓像水一样,能载起舟船,也能使舟船覆没,这是应该特别谨慎对待的。

【原文】

诚能见可欲,则思知足以自戒;将有作,则思知止以安人;念高危,则思谦冲而自牧①;惧满盈,则思江海下百川;乐盘游②,则思三驱以为度;忧懈怠,则思慎始而敬终;虑壅蔽,则思虚心以纳下;惧谗邪,则思正身以黜恶；恩所加，则思无因喜以谬赏；罚所及，则思无以怒而滥刑。总此十思，宏兹九德。简能而任之，择善而从之，则智者尽其谋，勇者竭其力，仁者播其惠，信者效其忠。文武并用，垂拱而治③。何必劳神苦思，代百司之职役哉？

【注释】

①冲：谦和。

②盘游：游乐。

③垂拱：垂衣拱手。形容无为而治。

【译文】

如果真能看见满意的东西，就想到要知足，以便警诫自己；将要兴建什么，就想到适可而止，使百姓安宁；想到地位高随时会有危险，就想到谦虚，并加强自我修养；害怕自己骄傲自满，就想到要像江海一样，处在河流的下游以容纳百川；喜好游乐，就想到国君每年只能打三次猎的规定，以为法度；担心意志懈怠，就想到开始时要谨慎，结束时要严肃；怕受蒙蔽，就想到要虚心采纳臣下的建议；害怕听信谗言，就想到端正自己，斥退小人；赏赐臣下时，就想到不要因为自己高兴而错误赏赐；施行刑法时，就想到不要因为自己的一时恼怒而滥用刑法。综合这十个方面的思考，发扬九种美德。选拔有才能的人加以任用，选择好的意见加以听从，那么聪明的人就会献出他们的谋略，勇敢的人就会使出他们的力量，仁义的人就会广施他们的美德，诚实的人就会献出他们的忠心。文武并重，君主就可以垂衣拱手，不用操劳而天下太平。何必一定要君主来劳神费力，代行百官的职务呢？

为徐敬业讨武曌檄

骆宾王

【原文】

　　伪临朝武氏者①,性非和顺,地实寒微②。昔充太宗下陈,曾以更衣入侍。洎乎晚节③,秽乱春宫。潜隐先帝之私,阴图后房之嬖。入门见嫉,蛾眉不肯让人;掩袖工谗,狐媚偏能惑主。践元后于翚翟④,陷吾君于聚麀⑤。加以虺蜴为心⑥,豺狼成性,近狎邪僻,残害忠良,杀姊屠兄,弑君鸩母。人神之所同嫉,天地之所不容。犹复包藏祸心,窥窃神器。君之爱子,幽之于别宫;贼之宗盟,委之以重任。呜呼!霍子孟之不作,朱虚侯之已亡。燕啄皇孙,知汉祚之将尽;龙漦帝后⑦,识夏庭之遽衰。

【注释】

①伪:武则天以武代李,人们认为是非法政权,不为正统所承认。
②地:同"第",门第,出身。
③洎(jì):到。
④翚(huī):羽毛绚丽的野鸡。翟(dí):长尾野鸡。唐代皇后服饰上饰有翚翟的图案,这里代指皇后之位。
⑤聚麀(yōu):原指两头公鹿共同拥有一头母鹿,这里是指唐太宗

和唐高宗先后有武则天,乱了人伦。聚,共。麀,母鹿。

⑥虺(huǐ):一种毒蛇。蜴:蜥蜴。

⑦龙漦(chí)帝后:龙漦,即龙的涎沫。传说夏朝衰落的时候,在朝廷上出现了两条龙,自称是褒地的二先君。夏帝把龙留下的涎沫藏起来。夏传给商,商传到周。周厉王的时候,涎沫流了出来,变生黑鼋,宫中一未成年女子遇到,便怀孕,生下一女孩后弃之,就是后来的褒姒。幽王宠幸褒姒,遭灭国丧身之祸。该传说成为历代女人是亡国祸水的依据,这里是说武后当朝,于唐不利。

【译文】

非法执掌朝政的武则天,本性并不和顺,出身非常低微。从前,她充当太宗的才人,曾经因宴会替皇帝更换衣服而进入宫中,后得到太宗的宠幸。到了后来,又在太子的东宫淫秽。她偷偷地隐瞒太宗对她的宠幸,暗暗谋求高宗对她的宠幸。被选入宫中的妃嫔都遭到她的嫉妒,她依仗自己的美貌不肯让别人分去皇帝的宠爱。她掩袖作态,在君王面前进献谗言,妖狐般的媚态,偏偏能迷惑君主。后来,她终于登上了皇后的位子,穿上了华丽的礼服,致使我们的君主陷入了乱伦的境地。加上她心如蛇蝎,性似豺狼,亲近奸邪的官吏,残害忠良,屠杀兄弟姐妹,毒害君主,害死母亲。这真是人神共愤,天地不容!她甚至还包藏祸心,觊觎皇位,企图窃夺君王大权。皇上喜爱的太子,被她幽禁在冷宫中,而她的宗族亲信,却被委以重任。天哪!像霍光这样的忠臣,再也不会出现,像刘章那样强悍的宗室也已经没有了。赵飞燕残害皇孙,人们知道汉朝的皇统将要穷尽;龙涎化为帝后,标志着夏氏王朝将要衰亡。

【原文】

敬业①,皇唐旧臣,公侯冢子②,奉先君之成业,荷本朝之厚恩。宋微子之兴悲,良有以也;袁君山之流涕③,岂徒然哉!是用气愤风云,志安社稷。因天下之失望,顺宇内之推心,爰举义旗,以清妖孽。南连百越,北尽三河,铁骑成群,玉轴相接。海陵红粟,仓储之积靡穷;江浦黄旗,匡复之功何远。班声动而北风起④,剑气冲而南斗平。喑呜则山岳崩颓,叱咤则风云变色。以此制敌,何敌不摧?以此图功,何功不克?

【注释】

①敬业:即徐敬业。

②冢子:长子。

③君山:指袁君山,袁安,东汉和帝时,见天子幼弱,外戚专权,暗自流涕。也有说指东汉哲学家、经学家桓谭,字君安。

④班声:马鸣声。

【译文】

徐敬业是大唐的老臣,公侯的长子,继承先人留下的事业,承受着本朝的厚恩。宋微子为故国的覆灭而悲哀,确实有原因;袁君山为外戚专权而流泪,难道是毫无道理的吗?因此他愤然而起,干一番事业,目的是安定大唐江山。依随着天下的失望情绪,顺应着海内民心的向背,他高举正义之旗,发誓要清除妖孽。南至偏远的百越,北到中原的三河,铁骑成群,战车相连。海陵的粟米,仓库里的储存无数;大江之滨,旌旗飘扬,光复大唐的伟大功业指日可待。战马在北风中嘶鸣,宝剑之气直冲向天上的星斗。怒吼让山岳崩塌,使风云为之变色。拿这样的声势来对付敌人,有什么敌人不能打垮?拿这样的气概来图谋功业,有什么功业不能建立?

【原文】

公等或居汉地,或叶周亲,或膺重寄于话言①,或受顾命于宣室。言犹在耳,忠岂忘心?一抔之土未干②,

六尺之孤何托？倘能转祸为福，送往事居，共立勤王之勋，无废大君之命，凡诸爵赏，同指山河。若其眷恋穷城，徘徊歧路，坐昧先几之兆，必贻后至之诛。请看今日之域中，竟是谁家之天下！

【注释】

①膺(yīng)：受。
②抔(póu)：用手捧东西。一抔之土，就是一小堆土，即坟墓。

【译文】

诸位有的世代享有国家的封地，有的是皇室的姻亲，有的承受口头重托，有的在宫室接受遗命。先帝的余音还在耳边回响，你们的忠诚就都已经忘却了吗？先帝的坟土尚未干透，我们的幼主何所寄托？如果能转变当前的祸难为福祉，送别旧主，匡扶当今皇上，共同建立匡救王室的功勋，不废弃先皇的遗命，那么各种封爵赏赐，同指泰山黄河作为凭证。如果留恋孤单的城池，在关键时刻犹疑不决，徒然错过已经显露的吉兆，就一定会招致严厉的惩罚。请看今天全国，到底是谁的天下！

滕王阁序

王 勃

【原文】

南昌故郡,洪都新府。星分翼轸①,地接衡庐。襟三江而带五湖,控蛮荆而引瓯越②。物华天宝,龙光射牛斗之墟;人杰地灵,徐孺下陈蕃之榻。雄州雾列,俊采星驰。台隍枕夷夏之交③,宾主尽东南之美。都督阎公之雅望,棨戟遥临④;宇文新州之懿范,襜帷暂驻⑤。十旬休假,胜友如云;千里逢迎,高朋满座。腾蛟起凤,孟学士之词宗;紫电清霜,王将军之武库。家君作宰,路出名区;童子何知,躬逢胜饯。

【注释】

①翼轸(zhěn):二星宿名。古人以天上二十八星宿的方位来区分地面的区域,称之为分野,其中翼、轸属楚的分野。

②瓯(ōu)越:指今天浙江、福建及两广东南沿海地带。

③台:城楼。隍(huáng):护城壕沟。

④棨(qǐ)戟:套有缯衣或经过油漆的木戟,指高官的仪仗。

⑤襜(chān)帷:车帷。这里代指车马。

【译文】

汉代的豫章郡,如今称为洪都府。它处在翼、轸二星的分野,与庐山和衡山相接。以三江作衣领,以五湖作衣带,控制楚地,连接瓯越。物有光华,天有珍宝,宝剑的光气直射牛、斗二星的区域;人有俊杰,地有灵秀,太守陈蕃为徐孺设下几榻。雄伟的州城在雾中若隐若现,俊美的人才像流星一样活跃。城池坐落在荆楚和华夏交接的地方,客人和主人都是东南地区的俊杰。阎都督享有崇高的声望,从远道来洪督坐镇;宇文新州刺史是美德的楷模,驾着车马也在此暂留。正逢十日一休的假日,才华出众的朋友云集;迎接千里而来的客人,尊贵的朋友坐满宴席。文词宗主孟学士,辞采如蛟龙腾空、凤凰飞起;王将军的武库里,宝剑熠熠有光,如紫电和清霜。家父做交趾县令,我探望父亲的途中路过这个有名的地方,我年幼无知,却有幸遇到了这样盛大的宴会。

【原文】

时维九月,序属三秋。潦水尽而寒潭清,烟光凝而暮山紫。俨骖騑于上路①,访风景于崇阿。临帝子之长洲,得仙人之旧馆。层峦耸翠,上出重霄;飞阁流丹,下临无地。鹤汀凫渚,穷岛屿之萦回;桂殿兰宫,列冈峦之体势。披绣闼②,俯雕甍③,山原旷其盈视,川泽盱其骇瞩④。闾阎扑地,钟鸣鼎食之家;舸舰迷津,青雀黄龙之轴。虹销雨霁,彩彻云衢⑤。落霞与孤鹜齐飞,秋水共长天一色。渔舟唱晚,响穷彭蠡之滨⑥;雁阵惊寒,声断衡阳之浦。

【注释】

①骖騑(cān fēi):驾车的马,左称"骖",右称"騑"。

②披绣闼(tà):打开雕绘花纹的门。

③甍(méng):屋脊。

④盱(xū):张大眼睛。

⑤云衢(qú):指天空。云朵交错纵横,像衢道一样。
⑥彭蠡(lǐ):鄱阳湖。

【译文】

　　时为九月,秋高气爽。蓄积的雨水已经消尽,潭水寒冷而清澈,烟光雾气凝结,傍晚的山峦呈现出紫色。在高高的道路上,驾着豪华的马车行驶,到崇山峻岭中观望风景。来到滕王的长洲,看见他当年修建的楼阁。这里峰峦重叠,一片苍翠直达九霄;凌空架起的阁道犹如飞翔在天空,从高处往下看,地好像没有了。仙鹤、野鸭栖止的水边平地和水中小洲,极尽岛屿曲折回环之势;华美的宫殿,像高低起伏的山峦。打开雕花的阁门,俯瞰雕饰的屋脊,辽阔的山原尽收眼底,迂回的河流湖泊令人惊叹。房屋排满地面,都是鸣钟鼎食人家;船只布满渡口,都是雕着青雀黄龙的大船。雨过天晴,阳光普照,天空明朗。天上落霞与水中的孤鸭一齐飞翔,秋天的江水和天空浑然一色。傍晚,渔船的歌声响遍鄱阳湖畔;大雁被寒气惊扰,叫声回荡在衡阳的水边。

【原文】

　　遥吟俯畅,逸兴遄飞。爽籁发而清风生,纤歌凝而白云遏。睢园绿竹,气凌彭泽之樽;邺水朱华①,光照临川之笔。四美具,二难并。穷睇眄于中天②,极娱游于暇日。天高地迥,觉宇宙之无穷;兴尽悲来,识盈虚之有数。望长安于日下,指吴会于云间。地势极而南溟深,天柱高而北辰远。关山难越,谁悲失路之人?萍水相逢,尽是他乡之客。怀帝阍而不见,奉宣室以何年?

【注释】

　　①邺水:指邺城。故城在今河北临漳北,是曹魏势力兴起的地方,陈思王曹植曾在此公宴文人学士。这里代指滕王阁的盛会。

②睇眄(dì miǎn):斜视。这里指目光上下左右地观览。

【译文】

远望的胸怀顿时舒畅,飘逸的兴致油然而生。排箫发出爽朗明快的声音,引来阵阵清风;纤柔的歌声仿佛凝住不散,使白云停止飘动。当年睢园竹林的聚会,诗人文士们狂饮的气概胜过了陶渊明;邺水咏荷花那样的才气,文采可以媲美谢灵运。良辰、美景、赏心、乐事,四美都有,贤主、嘉宾,千载难逢。极目远眺,在闲暇的日子里尽情欢乐。天高地远,宇宙无边;兴致已尽,悲随之来,我知道事物的兴衰成败皆有定数。远望长安在太阳之下,遥看吴越在白云之中。地势偏远,南海深不可测;天柱高耸,北极星多么遥远。雄关高山难以越过,谁悲悯那不得志的人呢?在座的各位萍水相聚,都是客居异乡的人。怀念朝廷却不能觐见,奉召在宣室又是何年?

【原文】

呜乎!时运不齐,命途多舛!冯唐易老,李广难封。屈贾谊于长沙,非无圣主;窜梁鸿于海曲,岂乏明时?所赖君子安贫,达人知命。老当益壮,宁知白首之心?穷且益坚,不坠青云之志。酌贪泉而觉爽,处涸辙以犹欢。北海虽赊,扶摇可接;东隅已逝,桑榆非晚。孟尝高洁,空怀报国之心;阮籍猖狂,岂效穷途之哭?

【译文】

唉!命运不顺畅,路途多么坎坷。冯唐容易老,李广封侯难。把贾谊贬到长沙,并非没有圣明的君主;逼迫梁鸿到海边隐居,难道不是在政治昌明的时代吗?只不过君子安于贫贱,通达的人知道社会人事的规律。老了应当更有雄心壮志,谁能理解白头人的心思?处境艰难,就要更加坚定,不放弃凌云壮志。即使喝了贪泉的水,仍然觉得心清气爽;即使处在干涸的车辙中,还能乐观开朗。北海虽然遥远,乘着大风却还可以到达;少年的时光虽然已经消逝,珍惜将来的岁月还不算晚。孟尝品行高洁,却空有一腔报国的热情;阮籍放纵不羁,我们怎么能效法他在无路可走时恸哭而返呢?

【原文】

勃,三尺微命,一介书生。无路请缨,等终军之弱冠;有怀投笔,慕宗悫之长风①。舍簪笏于百龄②,奉晨昏于万里。非谢家之宝树,接孟氏之芳邻。他日趋庭,叨陪鲤对③;今晨捧袂,喜托龙门。杨意不逢,抚凌云而自惜;钟期既遇,奏流水以何惭?

【注释】

①宗悫(què):南朝宋人。年少时,叔父问他有何志向,他回答:"愿乘长风破万里浪。"

②舍簪(zān)笏(hù):指弃官不仕。簪,官簪。笏,手板,官员上朝时用于记事备忘。

③叨(tāo)陪鲤对:孔子父子对话的故事。孔子曾在儿子孔鲤过庭时对他进行教育(见《论语·季氏》)。后人称长辈的教诲为"鲤对"。叨,惭愧,表示自谦。

【译文】

我,地位低下,只是一个书生。虽然和终军的年龄相同,却没有请缨报国的机会;我有班超那样投笔从戎的胸怀,也仰慕宗悫"乘风破浪"的志愿。我愿意舍弃一生的功名富贵,到万里之外去早晚侍奉父亲。不敢自称是谢玄那样的人才,却能与诸位名家交往。不久我将到父亲那里聆听教诲,今天我举袖作揖谒见阎公,很高兴登上龙门。司马相如倘若没有遇上杨得意,就只好捧着他的赋而自我叹息;今天我既然遇上了钟子期那样的知音,奏一曲高山流水又有什么羞愧的呢?

【原文】

呜呼!胜地不常,盛筵难再。兰亭已矣,梓泽邱墟。临别赠言,幸承恩于伟饯;登高作赋,是所望于群公。敢竭鄙诚,恭疏短引。一言均赋,四韵俱成。

滕王高阁临江渚,佩玉鸣鸾罢歌舞。

画栋朝飞南浦云,珠帘暮卷西山雨。

闲云潭影日悠悠,物换星移几度秋。

阁中帝子今何在?槛外长江空自流。

【译文】

唉!名胜的地方不能长游,盛大的宴会也难以再遇。兰亭的聚会已经没了,石崇的梓泽也成为废墟。侥幸在大会上承蒙恩情,让我离别时写几句话作纪念;至于登高作赋,那就指望在座的诸位了。冒昧地用尽微薄的心意,恭敬地写下这篇短短的序言。在座各位按照自己分到的韵字赋诗,我的一首四韵小诗也已写成:

滕王高高的楼阁,濒临着江心的沙洲。佩玉铿锵,已是舞罢歌休。

早晨,那南浦的云霞,从雕梁画栋前掠过,傍晚,西山的烟雨,停留在卷起的珠帘外。

闲静的白云,深潭的倒影,时光这样悠然流逝。斗转星移,世间多少变幻。

当年的阁中帝子,如今又在哪里?只有那栏外的江水,独自向前默默奔流。

春夜宴桃李园序

李 白

【原文】

　　夫天地者,万物之逆旅①;光阴者,百代之过客。而浮生若梦,为欢几何?古人秉烛夜游,良有以也②。况阳春召我以烟景,大块假我以文章③。会桃李之芳园,序天伦之乐事。群季俊秀④,皆为惠连⑤;吾人咏歌,独惭康乐⑥。幽赏未已,高谈转清。开琼筵以坐花,飞羽觞而醉月⑦。不有佳作,何伸雅怀?如诗不成,罚依金谷酒数⑧。

【注释】

①逆旅:旅舍。
②良:确实。以:原因。
③大块:指大自然。文章:原指错杂的色彩、条纹,此指各种美景。
④季:弟弟。
⑤惠连:谢惠连,南朝宋文学家,谢灵运的族弟,跟谢灵运关系很好。
⑥康乐:即谢灵运。谢灵运为名将谢玄之后,袭封康乐公。
⑦羽觞:一种酒器,形如鸟雀。
⑧罚依金谷酒数:石崇在金谷园宴饮宾客时,凡不能成诗者,罚酒三杯。

【译文】

　　天地是万物的旅舍,光阴是古往今来的过客。而漂浮无常的人生犹如一场梦幻,欢乐的日子能有多少呢? 古人持烛夜游,确实是有原因的。更何况温暖的春天用淡烟轻笼的绚丽景色来召唤我们,大自然向我们提供了锦绣风光。聚会在桃李芬芳的花园,畅谈兄弟间的乐事。诸位贤弟有杰出的才华,都是谢惠连一类的人物;而我作的诗,自愧不如谢康乐。幽雅的景色还没观赏完毕,高谈阔论已转入清雅。珍美的筵席摆设好后,大家在花丛里就座,杯盏飞快地传递,全都沉醉在皎洁的月光之下。没有好诗,怎能抒发高雅的情怀? 假如有人吟不出诗来,就依照金谷园的宴饮规矩,罚酒三杯。

吊古战场文

李 华

【原文】

浩浩乎平沙无垠,敻不见人①。河水萦带,群山纠纷。黯兮惨悴②,风悲日曛③。蓬断草枯,凛若霜晨。鸟飞不下,兽铤亡群④。亭长告余曰⑤:"此古战场也。常覆三军。往往鬼哭,天阴则闻。"伤心哉!秦欤?汉欤?将近代欤?

【注释】

①敻(xiòng):远。

②悴:忧伤。

③曛(xūn):昏暗不明。

④铤:快跑。

⑤亭长:地方上的小官吏。

【译文】

浩瀚的沙场无边无际,渺无人影。河水像带子一样环绕着,群山交错杂乱。景色黯淡愁惨,风声凄厉,天色昏暗不明。蓬根断折,野草枯萎,寒冷得如同降霜的早晨。鸟儿惊飞不停,野兽狂奔失群。亭长告诉我说:"这里是古代的战场,军队常常在这里覆灭。天阴的时候,往往可以听到鬼的哭声。"伤心啊!这是秦代的战场,汉代的战场,还是近代的战场呢?

【原文】

吾闻夫齐魏徭戍,荆韩召募。万里奔走,连年暴露。沙草晨牧,河冰夜渡。地阔天长,不知归路。寄身锋刃,腷臆谁诉①?秦汉而还,多事四夷;中州耗斁②,无世无之。古称戎夏③,不抗王师。文教失宣④,武臣用奇。奇兵有异于仁义,王道迂阔而莫为。呜呼噫嘻!

【注释】

①腷(bì)臆:郁闷的心情。
②斁(dù):败坏、破坏。
③戎:泛指少数民族。夏:华夏,汉族。
④文教:指礼乐法度、文章教化。

【译文】

我听说,战国时齐、魏征发劳役,楚、韩招募士兵,用来戍守边塞。他们万里跋涉,常年置身野外。早晨在沙漠中的草地上放牧,夜里在黄河的冰上穿过。天远地阔,不知何处是归路。置身于枪锋刀刃之间,郁闷的心情向谁诉说?秦汉以来,四方边境经常发生战事,中原凋敝破败,没有一个朝代不是如此。古人说,四方边境和中原都不敢抗拒王者之师。但是后来礼乐教化废而不用,武将的权谋却得以施展。背弃仁义而使用奇兵,认为王道迂阔,不去实行。唉,可叹啊!

【原文】

吾想夫北风振漠,胡兵伺便。主将骄敌,期门受战①。野竖旄旗,川回组练②。法重心骇,威尊命贱。利镞穿骨,惊沙入面。主客相搏,山川震眩。声析江河,势崩雷电。至若穷阴凝闭③,凛冽海隅④;积雪没胫,坚冰在须;鸷鸟休巢,征马踟蹰;缯纩无温⑤,堕指裂肤。当此苦寒,天假强胡,凭陵杀气⑥,以相剪屠。径截辎重,横攻士卒。都尉新降,将军没覆。尸填巨港之岸,血满长城之窟。无贵无贱,同为枯骨。可胜言哉!鼓衰兮力尽,矢竭兮弦绝,白刃交兮宝刀折,两军蹙兮生死决⑦。降矣哉?终身夷狄。战矣哉?骨暴沙砾。鸟无声兮山寂寂,夜正长兮风淅淅。魂魄结兮天沉沉,鬼神聚兮云幂幂⑧。日光寒兮草短,月色苦兮霜白。伤心惨目,有如是耶!

【注释】

①期门:指军营大门。

②组练:军士穿的甲衣,此指军队。

③穷阴:天色极阴。

④海隅:极边远之地。海指瀚海,在蒙古高原东北,一说即今呼伦贝尔湖。

⑤缯(zēng):丝织物。纩(kuàng):棉絮。

⑥凭陵:倚仗。

⑦蹙:接近。

⑧幂幂:深浓阴暗。

【译文】

我想,当北风在沙漠上肆虐的时候,胡兵便侦察进攻的机会。主将轻敌,敌军到了营门,才与敌交战。原野上竖起军旗,平川上活动着军队。军法严厉,人心恐惧,主将威严而士兵的生命轻贱。利箭穿骨,飞沙扑面。两军激战,厮杀声使山川为之震动、晕眩。声响之大足以把江河的水震得分流,攻势之凶猛如同电闪雷鸣。至于在天气极为阴沉、乌云密布的日子里,寒气侵袭;积雪没过小腿,冰凌挂在胡须上;凶猛的鸟都躲在巢中不出,战马止足不前;丝棉衣服不能保暖,冻断手指,冻裂皮肤。在这凄苦寒冷的时候,老天总是帮助强横的胡人,让他们凭借着严寒天气,前来抢掠屠杀。正面截取军用物资,侧面攻杀士卒。都尉刚刚投降,将军又战败身亡。尸体堆积在江河口岸,鲜血注满了长城的洞窟。不论贵贱,一同化作枯骨。那悲惨情景怎能说得尽呢!鼓声逐渐低落下去啊气力耗尽,箭用光了啊弓弦也折了,白刃相击啊宝刀断裂,两军迫近啊生死相决。投降么?终身成为夷狄。战死么?尸骨暴露于沙土碎石中。鸟儿无声啊山谷静寂,长夜漫漫啊风声凄凄。魂魄集聚啊天色阴沉,鬼神相聚啊阴云森森。日光寒冷啊百草不长,月色愁苦啊映照得霜更白。令人伤心、惨不忍睹,有像这样的么!

【原文】

吾闻之:牧用赵卒①,大破林胡②,开地千里,遁逃匈奴。汉倾天下,财殚力痡③。任人而已,岂在多乎?周逐猃狁④,北至太原,既城朔方⑤,全师而还。饮至策勋⑥,和乐且闲,穆穆棣棣⑦,君臣之间。秦起长城,竟海为关,荼毒生灵,万里朱殷⑧。汉击匈奴,虽得阴山,枕骸遍野,功不补患。

【注释】

①牧:指李牧,战国时赵国名将。

②林胡:匈奴的一支。

③殚(dān):竭尽。痡(pū):病。这里是疲敝的意思。

④猃狁(xiǎn yǔn):古代北方的少数民族,匈奴的前身。

⑤城:筑城。朔方:北方,一说指今宁夏灵武一带。

⑥饮至:古时诸侯朝见、会盟、征伐完毕,祭告宗庙并饮酒庆祝的典礼。策勋:记功。

⑦穆穆:端庄恭敬的样子。多用以形容帝王。棣棣(dì):娴雅和顺的样子。

⑧殷:赤黑色。

【译文】

　　我听说,李牧率领的赵国士兵,大败林胡,开辟千里土地,使匈奴远遁。汉朝尽全国之力攻打匈奴,财力耗尽,精疲力竭。戍守边疆,在于用人得当罢了,难道在于士卒众多么?周朝驱逐猃狁,一直赶到北面的太原,在北方筑起了城墙,保全了军队回来。回到国都祭祀祖先,把功劳记载下,君臣之间和睦闲适,谦恭文雅,互相尊敬。秦国修筑长城,关塞一直到海边,残害百姓,血流万里。汉朝进攻匈奴,虽然夺取了阴山,却使尸骨遍野,功劳不能弥补损失。

【原文】

　　苍苍蒸民①,谁无父母?提携捧负,畏其不寿。谁无兄弟,如足如手?谁无夫妇,如宾如友?生也何恩?杀之何咎?其存其没,家莫闻知。人或有言,将信将疑,悁悁心目②,寝寐见之。布奠倾觞,哭望天涯。天地为愁,草木凄悲。吊祭不至,精魂何依?必有凶年,人其流离。呜呼噫嘻!时耶?命耶?从古如斯。为之奈何?守在四夷。

【注释】

①蒸:同"烝",众,多。
②悁悁(yuān):忧愁郁闷的样子。

【译文】

　　这么众多的普通百姓,谁没有父母?即使尽心尽力地供养,还担心他们不能长寿。谁没有兄弟?如同手足一样亲近。谁没有夫妻,相敬如宾,相爱如友?让老百姓活着,难道是什么恩德?把他们杀死,难道他们有什么罪过?士卒或生或死,家人无从得知。有人说起他们的消息,也是半信半疑,心中忧愁,只能在梦中见到他们。摆放祭品,洒酒祭奠,望着远方哭泣。天地为之忧愁,草木为之凄楚。祭奠达不到远方,战死的灵魂依托在哪里?战后必定会有灾荒之年,人们又将四处流离。唉,可怜啊!是时机不好呢,还是命运不好?自古以来一直如此。这又有什么办法呢?只有施行仁义,使四夷归化,各为天子守土。

陋室铭

刘禹锡

【原文】

　　山不在高,有仙则名;水不在深,有龙则灵。斯是陋室①,惟吾德馨②。苔痕上阶绿,草色入帘青。谈笑有鸿儒③,往来无白丁④。可以调素琴,阅金经⑤。无丝竹之乱耳,无案牍之劳形⑥。南阳诸葛庐⑦,西蜀子云亭⑧。孔子云:"何陋之有⑨?"

【注释】

①斯:这。

②馨:芳香。

③鸿:大。儒:学者,文士。

④白丁:未得功名的平民。这里指没有文化的人。

⑤金经:指用泥金颜料书写的佛教或道教经文。

⑥案牍:官府人员日常处理的文件。

⑦诸葛庐:诸葛亮出山之前在南阳居住过的草庐。

⑧子云亭:汉代扬雄的住所。扬雄,字子云,成都人,西汉文学家、哲学家、语言学家。著有《甘泉赋》《羽猎赋》《长杨赋》等,又有《太玄》《法言》等专著。

⑨何陋之有:语出《论语·子罕》。

【译文】

　　山不一定要高,有神仙就著名了;水不一定要深,有龙就灵异了。这虽是简陋的屋子,但我的德行美好四处远闻。青苔长到阶上,一片碧绿;草色映入帘中,满目青葱。与我谈笑的是博学多才的人,往来的没有不学无术之辈。可以弹奏朴素的古琴,阅读经卷。没有嘈杂的音乐扰乱两耳,没有官府公文劳累身心。这小屋如同南阳的诸葛庐,又如西蜀的子云亭。孔子说:"有什么简陋的呢?"

阿房宫赋

杜 牧

【原文】

六王毕①,四海一,蜀山兀②,阿房出。覆压三百余里,隔离天日。骊山北构而西折,直走咸阳。二川溶溶③,流入宫墙。五步一楼,十步一阁,廊腰缦回④,檐牙高啄,各抱地势,钩心斗角⑤。盘盘焉,囷囷焉⑥,蜂房水涡⑦,矗不知其几千万落⑧。长桥卧波,未云何龙?复道行空,不霁何虹?高低冥迷,不知西东。歌台暖响,春光融融;舞殿冷袖,风雨凄凄。一日之内,一宫之间,而气候不齐。

【注释】

①六王:指战国时齐、楚、韩、赵、魏、燕六国的君王。毕:完结。
②兀:山高而秃。这里指山上的树木被伐尽。
③二川:渭川、樊川。
④廊腰:廊的转折处。缦回:像丝绸一样转折。
⑤钩心斗角:屋心聚处如钩,屋角相凑若斗。
⑥囷囷(qūn):曲折回旋的样子。
⑦蜂房:形容像蜂房一样密集。
⑧落:座。

【译文】

　　六国覆灭，天下统一，蜀山的林木被伐光了，阿房宫建成了。它占地三百余里，遮天蔽日。从骊山开始向北建起，折而向西，一直通到咸阳。渭水、樊川两条河流，缓缓流入宫墙。五步一座高楼，十步一座亭阁，走廊曲折如丝带回环，屋檐翘起似鸟儿仰头啄食，楼阁各随地势而建，座座通连、檐角交错。盘旋着，曲折着，像蜂房，像水涡，矗立着，不知耸立有几千万座。长桥横卧在水面上，没有云彩，哪来的蛟龙？复道横空而跨，不是雨过天晴，怎会有彩虹？高低错落，令人迷蒙，不辨方向。台上歌声温润，洋溢着春天般的欢乐；殿中舞袖飘拂，充满着风雨交加般的凄冷。一天之内，同一座宫殿之中，气候竟然如此不同。

【原文】

　　妃嫔媵嫱①，王子皇孙，辞楼下殿，辇来于秦。朝歌夜弦，为秦宫人。明星荧荧②，开妆镜也；绿云扰扰③，梳晓鬟也；渭流涨腻，弃脂水也；烟斜雾横，焚椒兰也；雷霆乍惊，宫车过也；辘辘远听，杳不知其所之也。一肌一容，尽态极妍，缦立远视④，而望幸焉⑤。有不得见者三十六年⑥。燕、赵之收藏，韩、魏之经营，齐、楚之精英，几世几年，取掠其人，倚叠如山。一旦不能有，输来其间。鼎铛玉石⑦，金块珠砾，弃掷逦迤⑧，秦人视之，亦不甚惜。

【注释】

①媵(yìng)：古时诸侯女儿出嫁时陪嫁的人。嫱：古代宫廷内的女官。

②荧荧：微光闪烁的样子。

③扰扰：纷乱的样子。

④缦(màn)立:久立。

⑤望幸:盼望皇帝到来。

⑥三十六年:指秦始皇在位的三十六年。

⑦铛(chēng):平底锅。

⑧逦迤(lǐ yǐ):绵绵不绝。

【译文】

六国的妃嫔宫女,王子皇孙,离开自己国家的楼阁宫殿,被辇车送到秦国。她们日夜弹唱,成了秦皇的宫人。明星闪亮,是她们打开了梳妆镜;乌云纷扰,是她们一早梳理发鬟;渭水涨起了一层油腻,是她们泼掉的漂满粉脂的洗脸水;烟雾弥漫,是她们在焚烧香料;疾雷忽然震响,是宫车驰过;车轮声越来越远,不知它驶到什么地方去了。宫人们的任何一处肌肤,任何一种姿态,都极尽娇艳美丽,她们久久地伫立着望向远处,盼望着皇上的临幸。有的宫人三十六年从未见到过皇上的身影。燕国、赵国收藏的财宝,韩国、魏国聚敛的金银,齐国、楚国的奇珍,多少代,多少年,从百姓那里劫掠而来,堆积如山。一旦国家灭亡不能再占有的,统统运进了阿房宫中。在这里把宝鼎视为铁锅,把美玉看作石头,把黄金视同土块,把珍珠看成石子,随地丢弃,秦人看见并不觉得可惜。

【原文】

嗟乎!一人之心,千万人之心也。秦爱纷奢,人亦念其家。奈何取之尽锱铢①,用之如泥沙?使负栋之柱,多于南亩之农夫;架梁之椽,多于机上之工女;钉头磷磷②,多于在庾之粟粒③;瓦缝参差,多于周身之帛缕;直栏横槛,多于九土之城郭④;管弦呕哑⑤,多于市人之言语。使天下之人,不敢言而敢怒。独夫之心,日益骄固。戍卒叫⑥,函谷举⑦,楚人一炬,可怜焦土!

【注释】

①锱铢:古代重量单位。用以比喻极微小。
②磷磷(lín):形容显露的样子。
③庾(yǔ):粮仓。
④九土:九州,指全国。
⑤呕哑(ōu yā):乐器声。
⑥戍卒叫:指陈胜、吴广率众起义。
⑦函谷举:指刘邦攻下函谷关。

【译文】

唉! 一个人的心,也是千万人的心。秦始皇嗜好繁华奢侈,老百姓也都顾念自己的家业。为什么搜刮百姓的财物一点都不放过,挥霍起来却像泥沙一样随便呢? 让支承屋梁的柱子,比农田里的农夫还多;让架在屋梁上的椽子,比织布机上劳动的织女还多;让建筑物上颗颗突出的钉头,比粮仓里的粟粒还多;让参差不齐的瓦缝,比全身衣服的纱线还多;直的横的栏杆,比全国的城郭还多;嘈杂的乐器声,比闹市里的人声还多。致使天下人敢怒而不敢言。秦始皇这个独夫的心,一天比一天骄横顽固。待到陈胜、吴广揭竿而起,函谷关被刘邦攻破,项羽一把大火,可惜富丽堂皇的阿房宫化成了一片焦土!

【原文】

呜呼! 灭六国者,六国也,非秦也。族秦者①,秦也,非天下也。嗟夫! 使六国各爱其人,则足以拒秦;秦复爱六国之人,则递三世可至万世而为君,谁得而族灭也? 秦人不暇自哀,而后人哀之,后人哀之而不鉴之,亦使后人而复哀后人也!

【注释】

①族:灭族。

【译文】

　　唉！使六国灭亡的,是六国自己,不是秦国;消灭秦宗族的是秦统治者本身,也不是天下的人民。唉！如果六国诸侯各自爱护自己的百姓,那么就有足够的力量抵抗强秦;如果秦同样能爱护六国的百姓,那么就可以从二世、三世以至传到万世一直做君王,谁还能灭掉它呢?秦王朝的统治者来不及为自己哀叹,而只有让后代人为它哀叹;后代人哀叹秦的灭亡却不能引以为鉴,也会使他们的后代人再为他们哀叹。

原　毁

韩　愈

【原文】

　　古之君子,其责己也重以周①,其待人也轻以约②。重以周,故不怠;轻以约,故人乐为善。闻古之人有舜者,其为人也,仁义人也。求其所以为舜者,责于己曰:"彼,人也。予,人也。彼能是,而我乃不能是。"早夜以思,去其不如舜者,就其如舜者。闻古之人有周公者,其为人也,多才与艺人也。求其所以为周公者,责于己曰:"彼,人也。予,人也。彼能是,而我乃不能是。"早夜以思,去其不如周公者,就其如周公者。舜,大圣人也,后世无及焉;周公,大圣人也,后世无及焉。是人也,乃曰:"不如舜,不如周公,吾之病也③。"是不亦责于身者,重以周乎? 其于人也,曰:"彼人也,能有是,是足为良人矣;能善是,是足为艺人矣。"取其一,不责其二;即其新,不究其旧。恐恐然惟惧其人之不得为善之利。一善易修也,一艺易能也,其于人也,乃曰:"能有是,是亦足矣。"曰:"能善是,是亦足矣。"不亦待于人者轻以约乎?

【注释】

　　①重以周:严格而全面。

②轻以约：宽容而简单。
③病：缺陷。

【译文】

古时候的君子，他们要求自己严格而全面，对待别人宽容而平易。对自己严格而全面，所以不会懈怠；对别人宽容而平易，所以别人乐于做好事。听说古人中有个叫舜的，从为人行事看，是个仁义的人。寻求舜所以成为舜的道理，对自己要求说："他，是人。我，也是人。他能这样，而我却不能这样。"早晨晚上都在思考，去掉那些不如舜的地方，去做那些符合舜的。听说古人中有个叫周公的，从为人行事看，是多才多艺的人。寻求周公所以为周公的道理，对自己要求："他，是人。我，也是人。他能够这样，而我却不能这样。"早晨晚上都在思考，去掉那些不如周公的地方，去做那些符合周公的。舜，是大圣人，后世没有人能赶上他；周公，是大圣人，后世也没有人能赶上他。这些君子却说："不如舜，不如周公，这是我的缺点。"这不就是对自己要求严格而全面吗？他们对待别人，说："那个人，能有这些优点，这就够得上一个善良的人了；能擅长这些事，这就够得上一个有才艺的人了。"肯定他的一个方面，不苛求他别的方面；就他现在的表现看，而不追究他的过去。提心吊胆地只怕人家得不到做好事的益处。一件好事容易做到，一种技艺容易学会，但他对别人，却说："能有这些，就足够了。"又说："能擅长这些，就足够了。"这不就是要求别人宽容而平易吗？

【原文】

今之君子则不然。其责人也详，其待己也廉^①。详，故人难于为善；廉，故自取也少。己未有善，曰："我善是，是亦足矣。"己未有能，曰："我能是，是亦足矣。"外以欺于人，内以欺于心，未少有得而止矣。不亦待其身者已廉乎？其于人也，曰："彼虽能是，其人不足称也;彼虽善是,其用不足称也。"举其一,不计其十;究其旧,不图其新。恐恐然惟惧其人之有闻也。是不亦责于人者已详乎？夫是之谓不以众人待其身,而以圣人望于人,吾未见其尊己也。

【注释】

①廉:少。

【译文】

现在的君子却不是这样。他要求别人全面,要求自己却很少。对别人要求全面,所以别人就很难去做好事;对自己要求少,所以自己的收获就少。自己没有什么优点,却说："我有这点优点,也就够了。"自己没有什么才能,却说："我有这点才能,也就够了。"对外欺骗别人,对内欺骗自己的良心,还没有一点收获就停止了。这不是要求自己的太少了吗？他对待别人,说："他虽然能做这个,但他的为人不值得称道;他虽然擅长这个,但有这本领不值得称道。"抓住别人的一点,不考虑他其余的十点;追究他的过去,不考虑他的现在。提心吊胆地只怕他人有了名望。这不是要求别人太全面了吗？这就叫作不用一般人的标准要求自己,却用圣人那样高的标准要求别人,我看不出他是在尊重自己。

【原文】

虽然,为是者有本有原,怠与忌之谓也。怠者不能修,而忌者畏人修。吾尝试之矣。尝试语于众曰："某良士,某良士。"其应者,必其人之与也①;不然,则其所疏远,不与同其利者也;不然,则其畏也。不若是,强者必怒于言,懦者必怒于色矣。又尝语于众曰："某非良士,某非良士。"其不应者,必其人之与也;不然,则其所疏远,不与同其利者也;不然,则其畏也。不若是,强者必说于言②,懦者必说于色矣。是故事修而谤兴,德高而毁来。呜呼!士之处此世,而望名誉之光、道德之行,难已!

将有作于上者,得吾说而存之,其国家可几而理欤③!

【注释】

①与:朋友。
②说:同"悦",高兴。
③几:庶几,差不多。

【译文】

虽然如此,这样做的人是有根源的,那就是懒惰和嫉妒。懒惰的人不能求进步,而嫉妒别人的人害怕别人进步。我曾经试验过。曾经试着对众人说:"某某是个好人,某某是个好人。"那些附和的人,一定是那个人的朋友;要不,就是他不接近的人,同他没有利害关系的人;要不,就是害怕他的人。如果不是这样,强硬的人一定会愤怒地说出反对的话,懦弱的人一定会从脸上表露出愤怒的神色。我又曾经对众人说:"某某不是好人,某某不是好人。"那些不附和的人,一定是那人的朋友;要不,就是他不接近的人,和他没有利害关系的人;要不,就是害怕他的人。如果不是这样,强硬的人一定会高兴地说出表示赞成的话,懦弱的人一定会从脸上表露出高兴的神色。所以,一个人的事业有成就了,诽谤也就随之产生了,声望提高了,诬蔑也跟着来了。唉!读书人处在这个世上,希望名誉显扬,道德推行,真是太难了!

居于上位想要有作为的人,听到我所说的这些道理并且牢记在心,国家大概就可以治理好了吧!

杂 说 四

韩 愈

【原文】

世有伯乐①,然后有千里马②。千里马常有,而伯乐不常有。故虽有名马,只辱于奴隶人之手,骈死于槽枥之间③,不以千里称也。

【注释】

①伯乐:姓孙,名阳,字伯乐,春秋时秦穆公时人,以善相马著称于世。后人用伯乐来赞誉那些善于发掘人才的人。
②千里马:日行千里的良马。
③骈死:并头而死。骈,并,成双成对。槽枥:指马厩。槽,盛马料的器具。枥,系马的地方。

【译文】

世上有了伯乐,然后才有千里马被发现。千里马是常有的,可是伯乐却不常见,所以虽然有名马,也只能在马夫手下受屈辱,与普通的马头并头死在马厩里,不能作为千里马而受到人们的称赞。

【原文】

马之千里者,一食或尽粟一石①。食马者②,不知其能千里而食也。是马也,虽有千里之能,食不饱,力不足,才美不外见,且欲与常马等不可得,安求其能千里也!

【注释】

①食:吃。尽粟一石:吃完一石粮食。

②食马者:养马人。食,同"饲"。

【译文】

能日行千里的马,一餐大约要吃一石粮食。养马的人不知道它能日行千里,而是按一般马的标准来饲养它。这马虽然具备日行千里的能力,吃不饱,力不足,才能不能在外面表现出来;想让它和一般的马一样都办不到,怎么还能要求它日行千里呢!

【原文】

策之不以其道,食之不能尽其材,鸣之而不能通其意,执策而临之,曰:"天下无马。"呜呼!其真无马邪?其真不知马也!

【译文】

驾驭它不用适合它特性的方法,饲养它不能满足与它才能相称的需要,它鸣叫起来又不能通晓它的意思,却拿着马鞭对着它说:"天下没有良马。"唉!是真的没有良马吗?是他真的不知道什么是良马!

师　说

韩　愈

【原文】

古之学者必有师。师者,所以传道受业解惑也①。人非生而知之者,孰能无惑?惑而不从师,其为惑也,终不解矣。生乎吾前,其闻道也②,固先乎吾,吾从而师之;生乎吾后,其闻道也,亦先乎吾,吾从而师之。吾师道也,夫庸知其年之先后生于吾乎?是故无贵无贱,无长无少,道之所存,师之所存也。

【注释】

①受:同"授",传授。
②闻:知道,懂得。

【译文】

古代求学的人一定有老师。老师,就是传授道理、讲授学业、解答疑难问题的人。人不是生下来就懂得道理的,谁能没有疑难问题呢?有问题却不向老师请教,那问题就永远不能解决。出生在我前面的人,他懂得道理自然比我早,我要向他学习,拜他为师;出生在我后面的人,他懂得道理如果比我早,我也要向他学习,拜他为师。我学习的是道理,难道还要在乎他的年龄比我大还是比我小吗?所以,无论贵贱,无论年长或年幼,道理存在的地方,就是老师存在的地方。

【原文】

嗟乎！师道之不传也久矣，欲人之无惑也难矣。古之圣人，其出人也远矣①，犹且从师而问焉；今之众人，其下圣人也亦远矣，而耻学于师。是故圣益圣，愚益愚，圣人之所以为圣，愚人之所以为愚，其皆出于此乎？爱其子，择师而教之；于其身也，则耻师焉，惑矣！彼童子之师，授之书而习其句读者也②，非吾所谓传其道、解其惑者也。句读之不知，惑之不解，或师焉，或不焉③，小学而大遗，吾未见其明也。巫医、乐师、百工之人，不耻相师。士大夫之族，曰师曰弟子云者，则群聚而笑之。问之，则曰："彼与彼年相若也，道相似也！"位卑则足羞，官盛则近谀。呜呼！师道之不复，可知矣。巫医、乐师、百工之人，君子不齿。今其智乃反不能及，其可怪也欤！

【注释】

①出人：超过一般人。
②句读(dòu)：指文章的诵读断句，也称"句逗"。语意尽处，称为句，未尽处称为读。
③不：同"否"。

【译文】

唉！从师闻道的风气已经失传很久了，想让人没有困惑也很难了。古代的圣人，他们超出一般人很多，尚且拜师，向人请教；今天的普通人，远远低于圣人，却耻于向老师学习。所以，圣人更加圣明，愚人更加愚昧。圣人之所以成为圣人，愚人之所以成为愚人，大概都是因为这样吧！人们疼爱自己的孩子，选择好的老师教育他们，但自己却耻于向老师学习，这真是太糊涂了啊！孩子的老师，是教授孩子们读书，学习断句的人,还不是我所说的传授道理、解除困惑的人。不懂得断句,就向老师请教;心中有疑惑不能解决却不向老师请教,小事学习,大事反而放弃不管,我看不出他有什么明智的地方。巫医、乐师和各类工匠,并不以向老师学习为耻。士大夫之类的人,一旦说到"老师""学生"这类话题时,就会聚在一起嘲笑。问他们原因,则说:"某人和某人年纪差不多,学问也差不多。"他们认为称地位低的人为老师实在丢人,而对称官职高的人为老师则近乎是谄媚。唉!从师求学的传统不能得到恢复,由此可知了!巫医、乐师和各类工匠这些人,君子不屑于与他们并列,而如今智慧却反而不如他们,这真是奇怪的事啊!

【原文】

圣人无常师。孔子师郯子、苌弘、师襄、老聃[①]。郯子之徒,其贤不及孔子。孔子曰:"三人行,则必有我师。"是故弟子不必不如师,师不必贤于弟子。闻道有先后,术业有专攻,如是而已。

【注释】

①郯(tán)子:春秋时,郯国(在今山东郯城北)的国君,郯是子爵,因此被称为郯子,孔子曾向他请教过关于官制的问题。苌(cháng)弘:东周敬王的大夫,孔子曾向他请教音乐方面的问题。师襄:春秋时鲁国的乐官,孔子曾向他学弹琴。老聃:即老子,姓李,名耳,春秋时思想家、哲学家,道家的创始人。孔子曾向他问周礼。

【译文】

圣人没有固定的老师。孔子曾经向郯子、苌弘、师襄、老聃等人学习。郯子这些人,都没有孔子贤能。孔子说:"三个人走在一起,其中一定有人可以做我的老师。"所以,弟子不一定不如老师,老师不一定比弟子贤能。懂得道理有先有后,学术、技能各有专长,如此而已。

【原文】

　　李氏子蟠,年十七,好古文,六艺经传皆通习之,不拘于时,学于余。余嘉其能行古道,作《师说》以贻之。

【译文】

　　有个叫李蟠的孩子,只有十七岁,喜欢古文,六艺经传等都通读学习,他不受时俗的影响,在我这里求学。我赞许他能行古人从师之道,因此写了这篇《师说》送给他。

送李愿归盘谷序

韩　愈

【原文】

　　太行之阳有盘谷①。盘谷之间,泉甘而土肥,草木蘘茂②,居民鲜少。或曰:"谓其环两山之间,故曰'盘'。"或曰:"是谷也,宅幽而势阻,隐者之所盘旋③。"友人李愿居之。

【注释】

①阳:山的南面叫阳。盘谷:在今河南济源北二十里。
②蘘(cóng):聚集,丛生。
③盘旋:同"盘桓",流连、逗留。

【译文】

　　太行山的南面有个盘谷。盘谷中间,泉水甘甜,土地肥沃,草木繁茂,人烟稀少。有人说:"因为这山谷环绕在两山之间,所以称作'盘'。"也有人说:"这个山谷,位置幽僻而山势险阻,是隐者盘桓逗留的地方。"我的朋友李愿就住在这里。

【原文】

　　愿之言曰:"人之称大丈夫者,我知之矣。利泽施于人,名声昭于时。坐于庙朝①,进退百官②,而佐天子出令。其在外,则树旗旄③,罗弓矢,武夫前呵,从者塞途,供给之人,各执其物,夹道而疾驰。喜有赏,怒有刑。才俊满前④,道古今而誉盛德,入耳而不烦。曲眉丰颊,清声而便体⑤,秀外而惠中⑥,飘轻裾⑦,翳长袖⑧,粉白黛绿者⑨,列屋而闲居,妒宠而负恃⑩,争妍而取怜⑪。大丈夫之遇知于天子,用力于当世者之所为也。吾非恶此而逃之⑫,是有命焉,不可幸而致也。穷居而野处,升高而望远,坐茂树以终日,濯清泉以自洁。采于山,美可茹;钓于水,鲜可食。起居无时,惟适之安。与其有誉于前,孰若无毁于其后;与其有乐于身,孰若无忧于其心。车服不维⑬,刀锯不加⑭,理乱不知⑮,黜陟不闻⑯。大丈夫不遇于时者之所为也,我则行之。伺候于公卿之门,奔走于形势之途⑰,足将进而趑趄⑱,口将言而嗫嚅⑲,处污秽而不羞,触刑辟而诛戮⑳,侥倖于万一㉑,老死而后止者,其于为人贤不肖何如也?"

【注释】

①庙朝:宗庙和朝廷。古代有时在宗庙发号施令。"庙朝"连称,指中央政权机构。

②进退:这里指任免升降。

③旗旄(máo):旗帜。旄,旗杆上用旄牛尾装饰的旗帜。

④才俊:才能出众的人。

⑤便(pián)体:美好、轻盈的体态。

⑥惠中:聪慧的资质。惠,同"慧"。

⑦裾(jū):衣服的前后襟。

⑧翳(yì):遮蔽,掩映。

⑨黛:青黑色颜料。古代女子用以画眉。

⑩负恃:倚仗。这里指自恃貌美。
⑪怜:爱。
⑫恶:厌恶。
⑬车服:代指官职。古代以官职的品级高下,确定所用车马和服饰。
⑭刀锯:指刑具。
⑮理:治。唐代避高宗李治的名讳,以"理"代"治"。
⑯黜陟(chù zhì):指官吏的进退或升降。
⑰形势:地位和威势。
⑱趑趄(zī jū):踌躇不前的样子。
⑲嗫嚅(niè rú):欲言又止的样子。
⑳刑辟:刑法。
㉑侥倖:同"侥幸"。

【译文】

李愿说:"人们称为大丈夫的人,我是了解的。他们把利益恩惠施给别人,名声显扬于当世。他们在朝廷上参与政事,任免百官,辅佐皇帝发号施令。到了朝廷外面,便树起旗帜,陈设弓箭,武夫在前面呼喝,侍从塞满道路,负责供给的仆役各自拿着物品,在路的两边飞快奔跑。他们高兴时就随意赏赐,发怒时就任意处罚。他们跟前聚集着很多才能出众的人,论古说今,赞扬他们的美德,这些话叫人听在耳中而不感到厌烦。那些眉毛弯弯,面颊丰腴,声音清脆,体态美好,外貌秀丽,资质聪慧,起舞时轻薄的衣襟飘然而动,长长的衣袖遮掩面容,白粉搽脸、青黛画眉的女子,在一排排房子中清闲地住着,自恃貌美,忌妒别的姬妾得到宠爱;争着比美,一心要获取主人的怜爱。这就是受到皇帝的知遇,掌握了很大权力的大丈夫的所作所为啊!我并非厌恶这些而躲开,只是命中注定而不能侥幸得到啊!过着贫寒生活,住在山野,登上高处眺望远方,在繁茂的树下整日悠然静坐,在清澈的泉水里洗涤,保持自身的洁净。从山上采来的果子,甜美可食;从水中钓来的鱼虾,鲜嫩可口。日常作息没有定时,只要感到舒适就安于如此。与其当面受到赞誉,不如背后不受诋毁;与其肉体享受安乐,不如心中没有忧虑。既不受官职的约束,也不受刑罚的惩处;既不问天下的治乱,也不管官吏的升降。这些都是没有遇上时机的大丈夫的所作所为,我就这样去做。侍候在达官贵人的门下,在通往地位权势的路上奔走,想要举脚进门却犹豫不决,想要开口说话却欲言无声,处于污浊低下的地位而不知羞耻,触犯了刑法而受到诛杀,希冀着侥幸获得名利,直到老死才罢休。这样的人在为人方面究竟是好呢,还是不好呢?"

【原文】

昌黎韩愈闻其言而壮之①,与之酒而为之歌曰:"盘之中,维子之宫。盘之土,可以稼②。盘之泉,可濯可沿。盘之阻,谁争子所?窈而深③,廓其有容④;缭而曲⑤,如往而复。嗟盘之乐兮,乐且无央。虎豹远迹兮,蛟龙遁藏。鬼神守护兮,呵禁不祥。饮且食兮寿而康,无不足兮奚所望?膏吾车兮秣吾马,从子于盘兮,终吾生以徜徉⑥!"

【注释】

①昌黎:韩氏的郡望。唐代重世族,所以作者标郡望。
②稼:播种五谷。
③窈(yǎo):幽远。
④廓其有容:广阔而有所容。其,犹"而"。
⑤缭:屈曲。
⑥徜徉:自由自在地来来往往。

【译文】

昌黎韩愈听了李愿的话,称赞他讲得有气魄。给他斟上酒,并为他作一首歌:"盘谷之中,是你的房屋。盘谷的土地,可以播种五谷。盘谷的泉水,可以用来洗涤,可以沿着它去散步。盘谷地势险要,谁会来争夺你的住所?谷中幽远深邃,天地广阔足以容身;山谷回环曲折,像是走了过去,却又回到了原处。啊!盘谷中的快乐啊,快乐无穷。虎豹远离这儿啊,蛟龙逃避躲藏。鬼神守卫保护啊,呵斥禁绝不祥。有吃有喝啊长寿而健康,没有不满足的事啊,还有什么奢望?用油抹我的车轴啊,用粮草喂我的马,随着你到盘谷啊,终生在那里优游徜徉。"

祭鳄鱼文

韩 愈

【原文】

维年月日①,潮州刺史韩愈②,使军事衙推秦济③,以羊一、猪一,投恶溪之潭水④,以与鳄鱼食⑤,而告之曰:

【注释】

①维:句首语气词,无义,常用于祭文开端,以引出年月日。年月日:指唐宪宗元和十四年(819)四月二十四日。

②潮州:州名,治所海阳(今广东潮安)。刺史:州的行政长官。

③军事衙推:州刺史的属官。

④恶溪:在今广东潮安,又名鳄溪、意溪,韩江经此,合流而南。

⑤鳄:爬行动物,性凶猛,常袭击人畜。

【译文】

某年某月某日,潮州刺史韩愈,派遣部下军事衙推秦济,把一头羊、一头猪,投入恶溪的潭水中,送给鳄鱼吃,同时告诉它说:

【原文】

昔先王既有天下,列山泽①,罔绳擉刃②,以除虫蛇恶物为民害者,驱而出之四海之外。及后王德薄,不能远有,则江汉之间,尚皆弃之以与蛮、夷、楚、越③;况潮,岭海之间④,去京师万里哉!鳄鱼之涵淹卵育于此,亦固其所。今天子嗣唐位⑤,神圣慈武,四海之外,六合之内,皆抚而有之;况禹迹所掩⑥,扬州之近地⑦,刺史、县令之所治,出贡赋以供天地宗庙百神之祀之壤者哉?鳄鱼其不可与刺史杂处此土也!

【注释】

①列:同"烈",指火猛。这里作动词用。

②罔:同"网"。擉(chuò):刺。

③蛮:古时对南方少数民族的贬称。夷:古时对东方少数民族的贬称。楚、越:泛指东、南方偏远地区。

④岭海之间:岭,即越城、都庞、萌渚、骑田、大庾等五岭,地处今湘、赣、桂、粤边境。海,即南海。潮州在五岭之南、南海之北,所以说"岭海之间"。

⑤今天子:指唐宪宗李纯。

⑥禹:大禹,传说中古代部落联盟的领袖。曾奉舜之命治理洪水,足迹遍于九州。故称九州大地为"禹迹""禹域"。

⑦扬州:传说大禹治水以后,把天下划为九州,扬州即其一。潮州属古扬州地域。

【译文】

古时候的帝王掌管天下后,放火焚烧山岭和泽地的草木,用绳索罗网去捕捉、用利刀去刺杀,以消灭虫、蛇等那些给百姓带来危害的可恶动物,并把它们驱逐到四海之外去。到了后世,帝王的德行威望不够,不能统治远方,于是,长江、汉水之间的大片土地只得放弃给东南各族;更何况潮州地处五岭和南海之间,离京城有万里之遥呢!鳄鱼之所以潜伏、生息在此地,也就很自然了。当今天子继承了大唐帝位,神明圣伟,仁慈英武,四海之外,普天之下,都在他的安抚统辖之下;更何况潮州是大禹足迹所到过的地方,是古代扬州的地域,是刺史、县令治理的地区,又是交纳贡品、赋税以供应皇上祭天地、祭祖宗、祭神灵的地方呢?鳄鱼,你是不可以同刺史一起生活在这块土地上的!

【原文】

刺史受天子命,守此土,治此民,而鳄鱼睅然不安溪潭①,据处食民畜、熊、豕、鹿、獐,以肥其身,以种其子孙;与刺史亢拒,争为长雄②;刺史虽驽弱③,亦安肯为鳄鱼低首下心,伈伈睍睍④,为民吏羞,以偷活于此耶!且承天子命以来为吏,固其势不得不与鳄鱼辨。

【注释】

①睅(hàn)然:瞪起眼睛,凶狠的样子。
②长:用作动词。
③驽:劣马。
④伈伈(xǐn):恐惧的样子。睍睍(xiàn):眯起眼睛看,不敢正视的样子。

【译文】

刺史受天子之命,来镇守这块土地,治理这里的民众,而鳄鱼竟敢不安分守己地待在溪水深处,却占据一方吞食民众的牲畜、熊、猪、鹿、獐,来养肥自己的身体,繁衍自己的后代;又胆敢与刺史抗衡,争当统领一方的英雄;刺史虽然软弱无能,又怎么肯向鳄鱼低头屈服,胆怯害怕,给百姓和官吏丢脸,并在此地苟且偷生呢!而且刺史是奉天子的命令来这里当官的,他势必不得不与鳄鱼辨明白。

【原文】

鳄鱼有知,其听刺史言:潮之州,大海在其南,鲸、鹏之大①,虾、蟹之细,无不容归,以生以食,鳄鱼朝发而夕至也。今与鳄鱼约:尽三日,其率丑类南徙于海,以避天子之命吏。三日不能,至五日;五日不能,至七日;七日不能,是终不肯徙也。是不有刺史、听从其言也;不然,则是鳄鱼冥顽不灵②,刺史虽有言,不闻不知也。夫傲天子之命吏,不听其言,不徙以避之,与冥顽不灵而为民物害者,皆可杀。刺史则选材技吏民,操强弓毒矢,以与鳄鱼从事,必尽杀乃止。其无悔!

【注释】

①鹏:传说中的巨鸟,由鲲变化而成,也能在水中生活。见《庄子·逍遥游》。

②冥顽:愚昧无知。

【译文】

鳄鱼如果能够知道,你就听我刺史的话:潮州这地方,大海在它的南面,大至鲸、鹏,小至虾、蟹,没有不被大海容纳,它们可以在大海里生存,获取食物。鳄鱼早上从潮州出发,晚上就能到达大海。现在,刺史和鳄鱼约定:三天之内,你务必率领你那伙丑类南迁到大海去,以回避天子任命的地方官;三天不够,就放宽到五天;五天办不到,就放宽到七天;七天还办不到,这就表明最终不肯迁移了。这就是不把刺史放在眼里,不肯听他的话;不然的话,就是鳄鱼愚蠢顽固,虽然刺史已经有言在先,但还是听不进,不理解。凡对天子任命的官吏傲慢无礼,不听他的话,不肯迁移躲避,以及愚蠢顽固而又残害民众的牲畜,都应该处死。刺史就要挑选有才干有技能的官吏和民众,操起强硬的弓弩,安上有毒的箭镞,来同鳄鱼作战,一定要把鳄鱼全部杀尽才肯罢手。你们可不要后悔啊!

柳子厚墓志铭

韩 愈

【原文】

　　子厚讳宗元①。七世祖庆②,为拓跋魏侍中③,封济阴公。曾伯祖奭④,为唐宰相,与褚遂良、韩瑗俱得罪武后⑤,死高宗朝。皇考讳镇⑥,以事母弃太常博士⑦,求为县令江南。其后以不能媚权贵⑧,失御史。权贵人死⑨,乃复拜侍御史⑩。号为刚直⑪,所与游皆当世名人⑫。

【注释】

　　①子厚:柳宗元的字。作墓志铭例当称死者官衔,因韩愈和柳宗元是笃交,故称字。讳:名。生者称名,死者称讳。
　　②七世:史书记宗元七世祖柳庆在北魏时任侍中,入北周封为平齐县公。子柳旦,任北周中书侍郎,封济阴公。韩愈所记柳庆封济阴公,有误。
　　③拓跋魏:北魏国君姓拓跋(后改姓元),故称。侍中:门下省的长官,掌管传达皇帝的命令。北魏时侍中位同宰相。
　　④曾伯祖奭(shì):柳奭,字子燕,柳旦之孙,柳宗元高祖柳子夏之兄。当为高伯祖,此作曾伯祖误。柳奭贞观时为中书舍人,因外甥女王氏为皇太子(唐高宗)妃,擢升为兵部侍郎。王氏当了皇后后,又升为中书侍郎。永徽三年(652)代褚遂良为中书令,位相当于宰相。后来高宗

欲废王皇后立武则天为皇后,韩瑗和褚遂良力争。柳奭和韩、褚等人被武则天一党诬说谋反,被贬、被杀。

⑤褚遂良:字登善,曾做过吏部尚书、同中书门下三品、尚书右仆射等官。唐太宗临终时命他与长孙无忌一同辅助高宗。后因劝阻高宗改立武后,遭贬忧病而死。韩瑗(yuàn):字伯玉,官至侍中,为救褚遂良,也被贬黜。

⑥皇考:对亡父的尊称。

⑦太常博士:太常寺掌宗庙礼仪的属官。柳镇于肃宗朝授左卫率府兵曹参军,佐郭子仪守朔方。后调长安主簿,居母丧,服除,命为太常博士。镇以有尊老孤弱在吴,再三辞谢,愿为宣城(今属安徽)令。此云"以事母弃太常博士",恐误。

⑧权贵:此指窦参。柳镇曾迁殿中侍御史,因不肯与御史中丞卢佋、宰相窦参一同诬陷侍御史穆赞,后又为穆赞平反冤狱,得罪窦参,被窦参以他事陷害贬官。

⑨权贵人死:贞元八年(792),窦参因罪被贬,第二年被德宗赐死。

⑩侍御史:御史台的属官,职掌纠察白僚,审讯案件。

⑪号为刚直:郭子仪曾表柳镇为晋州录事参军,晋州太守骄悍好杀戮,吏莫敢与争,而柳镇独能抗之以理,故云。

⑫所与游皆当世名人:柳宗元有《先君石表阴先友记》,记载他父亲相与交游者计六十七人,书于墓碑之阴。并曰:"先君之所与友,凡天下善士举集焉。"

【译文】

子厚名叫宗元。七世祖柳庆,做过北魏的侍中,被封为济阴公。曾伯祖柳奭,做过唐朝的宰相,同褚遂良、韩瑗一起得罪了武则天皇后,在高宗时被处死。父亲叫柳镇,为了侍奉母亲,放弃了太常博士的官位,请求到江南做县令。后来因为他不肯向权贵献媚,丢掉了御史官。直到那位权贵死了,才又被任命为侍御史。人们都说他刚毅正直,与他交往的都是当时名人。

【原文】

　　子厚少精敏,无不通达。逮其父时①,虽少年,已自成人②,能取进士第③,崭然见头角④,众谓柳氏有子矣⑤。其后以博学宏词⑥,授集贤殿正字⑦。俊杰廉悍⑧,议论证据今古⑨,出入经史百子⑩,踔厉风发⑪,率常屈其座人⑫,名声大振,一时皆慕与之交。诸公要人,争欲令出我门下⑬,交口荐誉之⑭。

【注释】

①逮其父时:在柳宗元童年时代,其父柳镇去江南,宗元和母亲留在长安。至十二三岁时,柳镇在湖北、江西等地做官,他随父同去。柳镇卒于贞元九年(793),子厚年二十一岁。逮,及,到。

②已自成人:宗元十三岁即作《为崔中丞贺平李怀光表》,刘禹锡作集序云:"子厚始以童子,有奇名于贞元初。"

③取进士第:贞元九年宗元进士及第。

④崭然:高峻突出貌。见:同"现"。

⑤有子:指有光耀门楣之子。

⑥博学宏词:柳宗元贞元十二年(796)中博学宏词科,年二十四。唐制,进士及第者可应博学宏词考选,取中后即授予官职。

⑦集贤殿:集贤殿书院,掌刊辑经籍,搜求佚书。正字:集贤殿置学士、正字等官,正字掌管编校典籍、刊正文字的工作。宗元二十六岁授集贤殿正字。

⑧廉悍:方正、廉洁和坚毅有骨气。

⑨证据今古:引据今古事例做证。

⑩出入:融会贯通,深入浅出。

⑪踔(chuō)厉风发:议论纵横,言辞奋发,见识高远。踔,远。厉,高。

⑫率:每每。屈:使之屈服。

⑬令出我门下:指都想叫他做自己的门生以沾光彩。

⑭交口:异口同声。

【译文】

　　子厚少年时就很精明能干,没有不明白通晓的事。当他的父亲还在世时,他虽然很年轻,但已经成才,能够考取进士科第,显露出出众的才华,大家都说柳家有个好儿子。后来又通过博学宏词科的考试,被授为集贤殿正字。他才智突出,清廉刚毅,发表议论时能引证今古事例为依据,精通经史典籍和诸子百家,言谈纵横上下,意气风发,常常使满座的人为之叹服。因此名声轰动,一时之间人们都敬慕而希望与他交往。那些公卿贵人争着要收他做自己的门生,众口一词地推荐、称赞他。

【原文】

　　贞元十九年,由蓝田尉拜监察御史①。顺宗即位,拜礼部员外郎②。遇用事者得罪③,例出为刺史④。未至,又例贬永州司马⑤。居闲⑥,益自刻苦,务记览⑦,为词章,泛滥停蓄⑧,为深博无涯涘⑨,而自肆于山水间⑩。

【注释】

　　①蓝田:今属陕西。尉:县府管理治安、缉捕盗贼的官吏。监察御史:御史台的属官,掌分察百僚,巡按郡县,纠视刑狱,整肃朝仪诸事。
　　②礼部员外郎:官名,掌管辨别和拟定礼制之事及学校贡举之法。柳宗元得做此官是王叔文、韦执谊等所荐引。
　　③用事者:掌权者,指王叔文。顺宗做太子时,王叔文任太子属官,顺宗登位后,王叔文任户部侍郎,深得顺宗信任。于是引用新进,施行改革。旧派世族和藩镇宦官拥立李纯为宪宗,将王叔文贬黜,后来又将其杀戮。和柳宗元同时贬作司马的共八人,号"八司马"。
　　④例出:按规定遣出。永贞元年(805),宗元被贬为邵州(今湖南邵阳)刺史。

⑤例贬:依照"条例"贬官。永州:今湖南永州零陵。司马:本是州刺史属下掌管军事的副职,唐时已成为有职无权的冗员。
⑥居闲:指公事清闲。
⑦记览:记诵阅览。比喻刻苦为学。
⑧泛滥:文笔汪洋恣肆。停蓄:文笔雄厚凝练。
⑨无涯涘(sì):无边际。涯、涘,均是水边。
⑩肆:放情。

【译文】

贞元十九年(803),子厚由蓝田县尉调任监察御史。顺宗即位,又升为礼部员外郎。遇到当权人获罪,他也被援例贬出京城当刺史。还未到任,又被依例贬为永州司马。身处清闲之地,自己更加刻苦为学,专心诵读,写作诗文,文笔汪洋恣肆,雄厚凝练,像无边的海水那样精深博大,而他自己则纵情于山水之间。

【原文】

元和中,尝例召至京师,又偕出为刺史①,而子厚得柳州②。既至,叹曰:"是岂不足为政耶③?"因其土俗④,为设教禁⑤,州人顺赖⑥。其俗以男女质钱⑦,约不时赎⑧,子本相侔⑨,则没为奴婢⑩。子厚与设方计⑪,悉令赎归⑫。其尤贫力不能者,令书其佣⑬,足相当⑭,则使归其质⑮。观察使下其法于他州⑯,比一岁⑰,免而归者且千人。衡湘以南为进士者⑱,皆以子厚为师。其经承子厚口讲指画为文词者,悉有法度可观⑲。

【注释】

①偕出:元和十年(815),柳宗元等"八司马"同时被召回长安,但又同被迁往更远的地方。

②柳州:唐置,属岭南道,即今广西柳州。

③是岂不足为政耶:指柳州地虽僻远,也可以做出政绩。是,指柳州。

④因:顺着,按照。土俗:当地的风俗。

⑤教禁:教谕和禁令。

⑥顺赖:顺从信赖。

⑦质:典当,抵押。

⑧不时赎:不按时赎取。

⑨子:子金,即利息。本:本金。相侔(móu):相等。

⑩没:没收。

⑪与设方计:替债务人想方设法。

⑫悉:全部。

⑬书:写,记下。佣:当雇工。此指雇工劳动所值,即工资。

⑭足相当:指佣工所值足以抵消借款本息。

⑮质:人质。

⑯观察使:又称观察处置使,是中央派往地方掌管监察的官。下其法:推行赎回人质的办法。

⑰比:及,等到。

⑱衡湘:衡山、湘水,泛指岭南地区。为:应试。

⑲法度:规范。

【译文】

元和年间,他曾经与同案人一起奉召回到京师,又一起被遣出做刺史,子厚分在柳州。到任之后,他慨叹道:"这里难道不值得做出政绩吗?"于是按照当地的风俗,为柳州制定了教谕和禁令,全州百姓都顺从并信赖他。当地习惯于用儿女做抵押向人借钱,约定如果不能按时赎回,等到利息与本金相等时,债主就把人质没收做奴婢。子厚为此替借债人想方设法,让他们都能把子女赎回来。那些特别穷困没有能力赎回的,就让债主记下人质当佣工的工钱,到应得的工钱足够抵消债务时,就

199

让债主归还被抵押的人质。观察使把这个办法推广到别的州县,到一年后,免除奴婢身份回家的将近一千人。衡山、湘水以南准备考进士的人,就把子厚当作老师。那些经过子厚亲自讲授和指点的人所写的文章,全都可以看得出是合乎规范的。

【原文】

其召至京师而复为刺史也,中山刘梦得禹锡亦在遣中①,当诣播州②。子厚泣曰:"播州非人所居,而梦得亲在堂③,吾不忍梦得之穷④,无辞以白其大人⑤,且万无母子俱往理。"请于朝,将拜疏⑥,愿以柳易播⑦,虽重得罪⑧,死不恨。遇有以梦得事白上者⑨,梦得于是改刺连州⑩。呜呼!士穷乃见节义。今夫平居里巷相慕悦,酒食游戏相征逐⑪,诩诩强笑语以相取下⑫,握手出肺肝相示⑬,皆天日涕泣,誓生死不相背负⑭,真若不信。一旦临小利害,仅如毛发比⑮,反眼若不相识。落陷阱⑯,不一引手救,反挤之,又下石焉者,皆是也。此宜禽兽夷狄所不忍为,而其人自视以为得计。闻子厚之风,亦可以少愧矣⑰。

【注释】

①中山:今河北定县。刘梦得:名禹锡,洛阳(今属河南)人,中山为郡望。其祖先汉景帝子刘胜曾封中山王。王叔文失败后,刘被贬为郎州司马,这次召还入京后又贬播州刺史。

②诣:前往。播州:今贵州绥阳。

③亲在堂:母亲健在。

④穷:困窘。

⑤大人:父母。此指刘母。本句是说这种不幸的处境难以向老

母讲。

⑥拜疏:向皇帝上疏。
⑦以柳易播:意指宗元自愿到播州去,让刘禹锡去柳州。
⑧重(chóng)得罪:再加一重罪。
⑨"遇有"句:指当时御史中丞裴度、崔群上疏为刘禹锡陈情一事。
⑩刺:用作动词。连州:唐属岭南道,州治在今广东连州。
⑪征逐:指往来频繁。征,约之来。逐,随之去。
⑫诩诩(xǔ):夸大的样子。强:勉强,做作。取下:指采取谦下的态度。
⑬出肺肝相示:比喻做出非常诚恳和坦白的样子。
⑭背负:背叛,变心。
⑮如毛发比:比喻事情之细微。比,类似。
⑯陷阱(jǐng):圈套,祸难。
⑰少:稍微。

【译文】

他被召回京师又再次被遣出做刺史时,中山人刘梦得禹锡也在被遣之列,应当去播州。子厚流着泪说:"播州不是一般人能住的地方,况且梦得的母亲还健在,我不忍心看到梦得处境困窘,他没有办法把这事告诉他的老母,况且绝没有母子一同前往的道理。"他向朝廷请求,并准备呈递奏章,情愿拿柳州换播州,表示即使因此再度获罪,死也无憾。正遇上有人把梦得的情况告知了皇上,梦得因此改任连州刺史。唉!士人到了困窘时,才看得出他的节操和义气。现在一些人,平日街坊居处互相仰慕讨好,一些吃喝玩乐来往频繁,夸夸其谈,强作笑脸,互相表示愿居对方之下,手握手做出掏肝挖肺之状给对方看,指天对日流泪,发誓不论生死谁都不背弃朋友,简直像真的一样可信。一旦遇到小小的利害冲突,仅仅像头发丝般细小,便翻脸不认人,朋友落入陷阱,也不伸一下手去救,反而借机推挤,再往下扔石头,到处都是这样啊。这应该是连禽兽和野蛮人都不忍心干的,而那些人却自以为得计。他们听到子厚的高尚风节,也应该觉得有点惭愧了!

【原文】

子厚前时少年,勇于为人①,不自贵重顾藉②,谓功业可立就③,故坐废退④。既退,又无相知有气力得位者推挽⑤,故卒死于穷裔⑥,材不为世用,道不行于时也。使子厚在台省时⑦,自持其身,已能如司马、刺史时,亦自不斥;斥时,有人力能举之,且必复用不穷。然子厚斥不久,穷不极,虽有出于人,其文学辞章,必不能自力以致必传于后如今⑧,无疑也。虽使子厚得所愿,为将相于一时⑨,以彼易此,孰得孰失,必有能辨之者。

【注释】

①为人:助人。这里有认为柳宗元参加王叔文集团是政治上的失慎之意,故下云"不自贵重"。

②顾藉:顾惜。

③立就:即刻成功。

④坐:因他人获罪而受牵连。废退:指远谪边地,不用于朝廷。

⑤有气力:有权势和力量的人。推挽:推举提携。

⑥穷裔:穷困的边远地方。

⑦台省:御史台和尚书省。

⑧自力:自我努力。

⑨为将相于一时:被贬"八司马"中,只有程异后来得到李巽推荐,位至宰相,但不久便死,也没有什么政绩。这里暗借程异作比。

【译文】

子厚从前年轻时,勇于帮助别人,自己不看重和爱惜自己,认为功名事业可以一蹴而就,所以受到牵连而被贬斥。贬谪后,又没有熟识而有力量有地位的人推荐与引进,所以最后死在荒僻的边远之地,才干不能为世间所用,抱负不能在当时施展。如果子厚当时在御史台、尚书省做官时,能谨慎约束自己,已经能像在做司马、刺史的时候那样,也自然不会被贬官了;贬官后,如果有人能够推举他,他也将一定会再次被任用,不至于穷困潦倒。然而若是子厚被贬斥的时间不久,穷困的处境未达到极点,虽然能够在官场中出人头地,但他的文学创作一定不能自己下苦功,以至于达到像今天这样必定流传后世的水平,这是毫无疑问的。即使让子厚实现他的愿望,一度官至将相,拿那个换这个,什么算得,什么算失,一定能有辨别它的人。

【原文】

子厚以元和十四年十一月八日卒①,年四十七。以十五年七月十日归葬万年先人墓侧②。子厚有子男二人:长曰周六,始四岁;季曰周七③,子厚卒乃生。女子二人,皆幼。其得归葬也,费皆出观察使河东裴君行立④。行立有节概⑤,重然诺⑥,与子厚结交,子厚亦为之尽⑦,竟赖其力。葬子厚于万年之墓者,舅弟卢遵⑧。遵,涿人⑨,性谨慎,学问不厌。自子厚之斥,遵从而家焉⑩,逮其死不去。既往葬子厚,又将经纪其家,庶几有始终者⑪。

【注释】

①元和:唐宪宗年号。十四年:公元819年。十一月八日:一作"十月五日"。

②万年:在今陕西临潼东北。先人墓:在万年县之栖凤原。见柳宗元《先侍御史府君神道表》。

③周七:即柳告,字用益,宗元遗腹子。

④河东:今山西永济。裴君行立:裴行立,绛州稷山(今山西稷山)人,时任桂管观察使,是宗元的上司。

⑤节概:节操度量。

⑥重然诺:看重许下的诺言。

⑦尽:尽心,尽力。

⑧卢遵:宗元舅父之子。

⑨涿(zhuō):今河北涿州。

⑩从而家:跟从宗元以为己家。

⑪庶几:近似,差不多。

【译文】

子厚在元和十四年十一月初八去世,终年四十七岁。十五年七月初十安葬在万年县其祖先墓地的旁边。子厚有两个儿子:大的叫周六,才四岁;小的叫周七,是子厚去世后才出生的。有两个女儿,都还小。他的灵柩能够回乡安葬,费用都是观察使河东人裴行立先生付出的。行立先生为人有气节,重信用,与子厚是朋友,子厚对他也很尽心尽力,最后竟靠他的力量办了后事。把子厚安葬到万年县墓地的,是他的表弟卢遵。卢遵是涿州人,性情谨慎,做学问永不满足。自从子厚被贬斥之后,卢遵就跟随他以贬所为家,直到他去世也没有离开。既送子厚归葬,又准备安排料理子厚的家属,可以称得上是有始有终的人了。

【原文】

　　铭曰:是惟子厚之室①,既固既安,以利其嗣人②。

【注释】

①惟:就是。室:幽室,即墓穴。

②嗣人:子孙后代。

【译文】

　　铭文是:这是子厚的居室,既牢固又安适,以利于他的子孙后代。

捕蛇者说

柳宗元

【原文】

永州之野产异蛇,黑质而白章,触草木,尽死;以啮人,无御之者。然得而腊之以为饵①,可以已大风、挛踠、瘘、疠②,去死肌,杀三虫。其始,太医以王命聚之,岁赋其二,募有能捕之者,当其租入。永之人争奔走焉。

【注释】

①腊(xī):腊肉。这里是作动词,风干。
②挛踠(wǎn):肢体蜷曲不能伸直的病。瘘(lòu):大脖子病。疠(lì):恶疮。

【译文】

永州的郊外出产一种奇异的蛇,黑底白花。它触碰到草木,草木就会死亡;咬到人,人没法医治。但是如果把它抓住后,将它风干作为药饵,则可以治疗麻风、曲肢、大脖子病、恶疮,去除坏死的肌肉,杀死体内的寄生虫。起初,太医奉皇帝诏命去收集这种毒蛇,每年征收两次,招募能捕这种蛇的人,准许他们用蛇来抵充应交的赋税,于是永州的百姓纷纷抢着去干这件事。

【原文】

有蒋氏者,专其利三世矣。问之,则曰:"吾祖死于是,吾父死于是,今吾嗣为之十二年,几死者数矣。"言之,貌若甚戚者。

余悲之,且曰:"若毒之乎?余将告于莅事者①,更若役,复若赋,则何如?"

【注释】

①莅事者:管理地方事务的官员。莅,临。

【译文】

有个姓蒋的人,独自取得这种好处已经有三代人了。问他,他说:"我的祖父死在这件事上,我的父亲也死在这件事上,如今,我接着做这件事已经十二年了,有好几次都差点死在这上面。"他说话的时候,神色好像很忧伤。

我很同情他,对他说:"你怨恨这件事吗?我可以让主管这件事的官员,更换你的差事,恢复你的赋税,这样行吗?"

【原文】

蒋氏大戚,汪然出涕曰:"君将哀而生之乎?则吾斯役之不幸,未若复吾赋不幸之甚也,向吾不为斯役,则久已病矣。自吾氏三世居是乡,积于今六十岁矣,而乡邻之生日蹙。殚其地之出,竭其庐之入,号呼而转徙,饥渴而顿踣①,触风雨,犯寒暑,呼嘘毒疠,往往而死者相藉也②。曩与吾祖居者③,今其室十无一焉;与吾父居者,今其室十无二三焉;与吾居十二年者,今其室十无四五焉。非死则徙尔,而吾以捕蛇独存。悍吏之来吾乡,叫嚣乎东西,隳突乎南北④,哗然而骇者,虽鸡狗不得宁焉。吾恂恂而起⑤,视其缶,而吾蛇尚存,则弛然而卧。谨食之,时而献焉。退而甘食其土之有,以尽吾齿。盖一岁之犯死者二焉;其余则熙熙而乐,岂若吾乡邻之旦旦有是哉!今虽死乎此,比吾乡邻之死则已后矣,又安敢毒耶?"

【注释】

①顿踣(bó):困顿跌倒。这里指倒毙。
②相藉(jiè):一个一个地堆叠起来。
③曩(nǎng):从前,过去。
④隳(huī)突:骚扰。
⑤恂恂(xún):小心谨慎的样子。

【译文】

蒋氏越发悲痛,流着眼泪说:"您是可怜我,想让我活下去吗?我做这件差事的不幸,不及恢复我的赋税带来的不幸严重啊,如果我不是干这个差事,恐怕早就已经困苦不堪了。自从我家三代定居在这里,至今已经有六十年了,但是乡邻们的生活却一天不如一天,用完田地里出产的全部东西,花完家里的全部收入,结果只能哭喊着四处迁徙漂泊,饥渴而倒在路上,冒着风吹雨打,顶着寒暑,呼吸着有毒的疫气,往往死去的人一个压着一个,堆在一起。从前和我祖父同时住在这里的人,十户中剩不下一家了;和我父亲同时住在一起的,十户中剩不下两三户了;和我一起在这里住了十二年的人家中,十户中剩不下四五户了。他们不是死了,就是搬到别的地方去了,而我却因为捕蛇而独自活了下来。凶悍的官吏来到乡里时,总是四处狂喊乱叫,肆意骚扰破坏,村民们惊慌呼叫,连鸡犬都不得安宁。我小心地从床上爬起来,看看我的瓦器,看见蛇还在里面,就可以安心地躺下了。我小心地喂养它,到时候就把它献上去。回来之后就可以香甜地吃着土地里产出的东西,度过余下的岁月。一年中,我要冒生命危险只有两次,其他的时间都可以快快乐乐地度过,哪里像我的乡邻们每天都要冒着生命危险呢?就算我现在死在这件事上面,与他们相比,我也是死在后面了,又怎么敢怨恨呢?"

【原文】

　　余闻而愈悲。孔子曰:"苛政猛于虎也。"吾尝疑乎是,今以蒋氏观之,犹信。呜呼! 孰知赋敛之毒有甚是蛇者乎! 故为之说,以俟夫观人风者得焉①。

【注释】

①人风:民风。唐人避唐太宗李世民的讳,凡是"民"字皆改为"人"。

【译文】

　　我听了他的话后越发悲痛。孔子说:"苛政比老虎还凶猛。"我曾经怀疑这句话,今天从蒋氏的情况来看,才相信了。唉! 谁能想到赋敛的毒害比毒蛇还毒呢! 因此,我为这件事情写下这篇文章,留待那些观察民风的官员参考。

种树郭橐驼传

柳宗元

【原文】

郭橐驼①,不知始何名。病偻,隆然伏行,有类橐驼者,故乡人号之"驼"。驼闻之曰:"甚善。名我固当。"因舍其名,亦自谓"橐驼"云。

【注释】

①橐(tuó)驼:骆驼。这里指驼背,是种树人郭某的外号。

【译文】

郭橐驼,不知他最初叫什么名字。他患有佝偻病,走路时弯腰驼背,有点像骆驼的样子,因此乡里人叫他"驼"。他听了之后说:"很好,这样称呼对我非常合适。"于是舍弃原来的名字,也自称"橐驼"。

【原文】

其乡曰丰乐乡,在长安西①。驼业种树,凡长安豪富人为观游及卖果者,皆争迎取养。视驼所种树,或移徙,无不活;且硕茂,早实以蕃。他植者虽窥伺效慕,莫能如也。

【注释】

①长安:唐代都城,今陕西西安。

【译文】

他所在的乡名叫丰乐乡,在长安城的西边。橐驼以种树为生,凡是长安豪门富人建造观赏的园林或是以卖水果为业的,都争相聘请他到家中住。他所种的树,即使是移栽的,也没有不成活的,而且枝叶茂盛,果实结得又早又多。其他的种树人即使暗中观察模仿,也赶不上他。

【原文】

有问之,对曰:"橐驼非能使木寿且孳也[①],能顺木之天以致其性焉尔。凡植木之性,其本欲舒,其培欲平,其土欲故,其筑欲密。既然已,勿动勿虑,去不复顾。其莳也若子[②],其置也若弃,则其天者全而其性得矣。故吾不害其长而已,非有能硕茂之也;不抑耗其实而已,非有能早而蕃之也。他植者则不然。根拳而土易,其培之也,若不过焉则不及。苟有能反是者,则又爱之太恩,忧之太勤。旦视而暮抚,已去而复顾。甚者,爪其肤以验其生枯,摇其本以观其疏密,而木之性日以离矣。虽曰爱之,其实害之;虽曰忧之,其实仇之:故不我若也。吾又何能为哉?"

【注释】

①孳(zī):繁育。
②莳(shì):栽种。

【译文】

有人问他原因,他回答说:"我并不能让树木活得长久且生长得快,只不过是顺应树木的天性,使它尽其本性生长罢了。一般种树都有这样的特点,要使它的根舒展,培土要平整,根上带旧土,将土培整密实。这样做了之后,就不要动它,也不要过分担心,离开后就不要再去管它。栽种的时候要像养育孩子一样,种好之后放在那里不要去管它,如同丢弃一样。这样,树木的天性得以保全,它的本性就能得到发展了。所以我只是不妨碍它生长而已,而并不是有使它高大茂盛的本领;只是不抑制它结果,不损耗它的果实而已,并没有使它能结得又早又多的本领。其他种树人则不一样。移栽时树根弯曲,并且换了土,培土的时候,不是太多就是太少。即使有不那样做的人,则又对树过于关切,担心太多,早上去看看,晚上去摸摸,离开了又转过头来看看。甚至有人抓破树皮来检查树是否成活,摇动树根看培的土是松还是实,这样,便离树木的本性越来越远了。这样,虽然是爱护它,实际上是害了它;虽然说是忧虑它,实际上却是仇恨它。所以,其他人都没有我种得好,我又有什么特殊的本领呢?"

【原文】

问者曰:"以子之道,移之官理,可乎?"驼曰:"我知种树而已,理,非吾业也。然吾居乡,见长人者好烦其令,若甚怜焉,而卒以祸。旦暮吏来而呼曰:'官命促尔耕,勖尔植,督尔获,早缲而绪[①],早织而缕,字而幼孩,遂而鸡豚。'鸣鼓而聚之,击木而召之。吾小人辍飧饔以劳吏者[②],且不得暇,又何以蕃吾生而安吾性耶?故病且怠。若是,则与吾业者其亦有类乎?"

【注释】

① 缲(sāo):煮茧抽丝。
② 飧饔(sūn yōng):晚饭和早饭。

【译文】

问的人说:"将你种树的道理,转用到官吏治理百姓,行吗?"橐驼说:"我只知道种树,做官治理百姓不是我的职业。但是我们乡里,那些做官的喜欢颁布各种各样的法令,看起来好像是爱护百姓,结果却给百姓带来了灾难。从早到晚都听到有衙役叫喊着：'官府命令你们快点耕种，鼓励你们种植，督促你们收割，快点缫你们的丝，快点织你们的布，抚养好你们的小孩，喂养好你们的鸡和猪。'一会儿敲着鼓将百姓聚集在一起，一会儿又击打着梆子传呼他们。我们这些小百姓，即使是放下碗筷不吃饭，专门来应付这些官吏都忙不过来，又怎么能使我们的子孙兴旺、生活安定呢？因此百姓既困苦又疲乏。像这样，这些人同我那些种树的同行也有类似的地方吧！"

【原文】

　　问者曰："嘻，不亦善夫！吾问养树，得养人术。"传其事以为官戒也！

【译文】

　　问的人说："这不是很好吗？我本是问种树的道理，却从中得到了治民的方法。"我于是记下这件事，作为官吏的鉴戒！

钴鉧潭西小丘记

柳宗元

【原文】

得西山后八日,寻山口西北道二百步,又得钴鉧潭①。西二十五步,当湍而浚者为鱼梁②。梁之上有丘焉,生竹树。其石之突怒偃蹇③,负土而出,争为奇状者,殆不可数。其嵚然相累而下者④,若牛马之饮于溪;其冲然角列而上者,若熊罴之登于山。

【注释】

①钴(gǔ)鉧(mǔ)潭:形状像熨斗的水潭,在今湖南永州零陵西。钴鉧,熨斗。

②浚(jùn):水很深。鱼梁:筑堰围水捕鱼的一种设施。堰中留有缺口,可以放置捕鱼的工具。

③偃蹇(yǎn jiǎn):山石盘曲起伏,横起直卧的姿态。

④嵚(qīn)然:高耸的样子。

【译文】

发现西山后的第八天,我们沿着山口向西北方向走了二百步左右,又发现了钴鉧潭。在潭西二十五步远的地方,水深而急流处有一道鱼梁。鱼梁的上面有座山丘,长满了树木和翠竹。丘上的山石盘曲起伏,愤怒地冲破地面向上钻,呈现出各种奇异的姿态,不可胜数。那些高耸重叠又向下延伸的,像牛马探着身子到溪边饮水;那些突起像兽角一样向上的,像熊罴向山上攀登。

【原文】

丘之小不能一亩,可以笼而有之。问其主,曰:"唐氏之弃地,货而不售。"问其价,曰:"止四百。"余怜而售之。李深源、元克己时同游,皆大喜,出自意外。即更取器用,铲刈秽草①,伐去恶木,烈火而焚之。嘉木立,美竹露,奇石显。由其中以望,则山之高,云之浮,溪之流,鸟兽之遨游,举熙熙然回巧献技,以效兹丘之下。枕席而卧,则清泠之状与目谋,潆潆之声与耳谋②,悠然而虚者与神谋,渊然而静者与心谋。不匝旬而得异地者二③,虽古好事之士,或未能至焉。

【注释】

①刈(yì):割。
②潆潆(yíng):溪水流动的声音。
③匝(zā):周,满。

【译文】

山丘很小,不到一亩,几乎一个小笼子就可以把它全部罩起来。问这个小丘的主人是谁,有人说:"这是唐家废弃的地方,要卖但是还没有卖出去。"问它的价钱,说:"只要四百文。"我非常喜欢这个地方,便将它买下。李深源、元克己与我一同出游,都非常高兴,感到出乎意料。接着我们便轮流拿起各种工具,铲除杂草,砍去丑树,并放火把它们都烧掉。这样,秀美的树木挺立,清秀的翠竹显露,奇异的山石凸现。从小丘的中间朝外望去,便看见高大的群山,飘浮的白云,流动的溪水,遨游的鸟兽,都欢快地呈现出巧妙的姿态和高超的技艺,装点着这个美丽的小丘。我们枕着席子躺下,那清凉的溪水映入眼帘,汨汨的流水声传入耳中,空灵幽静的境界与神思相融,深沉静寂的氛围与心灵相合。不到十天,我便发现了两处奇景,即使是古代喜爱寻访山水的人,也未必能做到。

【原文】

噫！以兹丘之胜,致之沣、镐、鄠、杜①,则贵游之士争买者,日增千金而愈不可得。今弃是州也,农夫渔父过而陋之,价四百,连岁不能售。而我与深源、克己独喜得之,是其果有遭乎？

书于石,所以贺兹丘之遭也。

【注释】

①沣(fēng)、镐(hào)、鄠(hù)、杜:均为地名,在唐代长安城附近。

【译文】

唉！以这座小丘的奇景,如果将它放在沣、镐、鄠、杜等地方,那些豪门富贵之人争相购买,即使每天增长千金恐怕也难买到。如今被弃置在这偏僻的永州,农夫渔民往来经过都认为太卑陋,只四百文钱,也多年卖不出去。但我和深源、克己偏偏为得到它而高兴,这小丘果然有这样被人赏识的机遇吗？

我将这篇文章刻在石头上,来庆祝这座小丘的好运！

小石城山记

柳宗元

【原文】

　　自西山道口径北,逾黄茅岭而下,有二道:其一西出,寻之无所得;其一少北而东,不过四十丈,土断而川分,有积石横当其垠①。其上为睥睨梁欐之形②,其旁出堡坞③,有若门焉。窥之正黑,投以小石,洞然有水声,其响之激越,良久乃已。环之可上,望甚远。无土壤而生嘉树美箭④,益奇而坚。其疏数偃仰,类智者所施设也。

【注释】

①垠:边界。这里指河岸。
②睥睨(pì nì):同"埤堄",城墙上的矮墙。梁欐(lì):正梁。
③堡坞(wù):防卫用的碉堡。
④箭:一种小竹子。

【译文】

　　从西山路口一直往北走,翻越黄茅岭下去有两条小路:其中一条向西延伸,沿路没有发现什么景色;另外一条路稍微偏北,再向东延伸,仅仅四十丈远的地方,地面土层断裂,被一条河流分开,有岩石堆积而成的小山冈横在边上。山冈上面的石堆像城墙上的矮墙,又像是房梁。石堆旁边有一个凸出的碉堡,还有门一样的洞口。往里面看,黑乎乎的,将小石子投进去,则传来水声,响声激越,久久不绝于耳。环绕石堆可以登上山顶,看到很远的地方。上面没有土壤,却生长着秀美的树木和箭竹,因此树木和竹子显得越发奇特坚实。它们疏疏密密、高高低低,非常合适,就像是有智慧的人精心设计的。

【原文】

噫！吾疑造物者之有无久矣。及是,愈以为诚有。又怪其不为之于中州,而列是夷狄,更千百年不得一售其伎①,是固劳而无用。神者傥不宜如是,则其果无乎？或曰:"以慰夫贤而辱于此者。"或曰:"其气之灵,不为伟人,而独为是物,故楚之南少人而多石。"是二者,余未信之。

【注释】

①伎:同"技",指小石城山的奇特景象。

【译文】

唉！我长久以来一直怀疑造物主是否存在。看到这个,我愈发认为是存在的。但我又奇怪,它为什么不把眼前的美景设在中原,却将它放在这偏远的地方,使它们千百年也不能向人们展示一次美好的姿态呢,这真是劳而无功啊。造物主也许不会这样做,难道他真的不存在吗？有人说:"这样把小石城安排在这里是为了慰藉那些被贬谪到这里来的贤人。"也有人说:"这里天地的灵气不孕育伟大的人,只孕育出这样奇异的景物,因此楚地的南面很少有杰出的人才出现,却有很多奇怪的山石。"这两种说法,我都不相信。

岳阳楼记

范仲淹

【原文】

庆历四年春,滕子京谪守巴陵郡①。越明年②,政通人和,百废具兴③。乃重修岳阳楼,增其旧制,刻唐贤今人诗赋于其上。属予作文以记之④。

【注释】

①滕子京:名宗谅,字子京。
②越明年:到了第二年。
③具:同"俱",全,皆。
④属:同"嘱",委托,嘱咐。

【译文】

宋仁宗庆历四年(1044)春天,滕子京被贬谪到岳州当了知州。到了第二年,政事顺利,百姓和乐,许多已废弛不办的事情都兴办起来。于是重新修建岳阳楼,扩大它原来的规模,在楼上刻了唐代名人和当代人的诗赋,并嘱托我写一篇文章来记述这件事。

【原文】

予观夫巴陵胜状,在洞庭一湖。衔远山,吞长江,浩浩汤汤①,横无际涯;朝晖夕阴,气象万千。此则岳阳楼之大观也,前人之述备矣。然则北通巫峡,南极潇湘,迁客骚人②,多会于此,览物之情,得无异乎?

【注释】

①汤汤(shāng):水势浩大的样子。

②迁客:被贬谪的官员。骚人:屈原作《离骚》,后人因称诗人为骚人。

【译文】

我观赏那岳州的美好景色,都集中在洞庭一湖。它含着远处的山,吸纳长江的水,水势浩大,无边无际;一早一晚,或晴或雨,景象千变万化。这就是岳阳楼的雄伟景象。前人的记述已经很详尽了。既然这样,然而这里北面通到巫峡,南面直到潇水和湘江,降职的官吏和来往的诗人,大多在这里聚会,观赏自然景物所产生的感情怎么能没有不同呢?

【原文】

若夫淫雨霏霏,连月不开,阴风怒号,浊浪排空;日星隐曜,山岳潜形;商旅不行,樯倾楫摧;薄暮冥冥,虎啸猿啼。登斯楼也,则有去国怀乡①,忧谗畏讥,满目萧然,感极而悲者矣。

【注释】

①去国:离开京城。

【译文】

如果连绵的阴雨下个不断,或者连续多日不放晴,阴惨的风狂吼,浑浊的浪头冲向天空;太阳和星星失去了光辉,高山隐藏了形迹;商人和旅客不能成行,桅杆倒了、船桨断了;傍晚时分天色昏暗,老虎怒吼,猿猴悲啼。在这时登上这座楼,就会觉得离开京城,怀念故乡,担心受到奸人的诽谤,害怕坏人的讥笑,满眼萧条冷落,不禁感慨万分而悲愤不已了。

【原文】

　　至若春和景明,波澜不惊,上下天光,一碧万顷;沙鸥翔集,锦鳞游泳;岸芷汀兰①,郁郁青青。而或长烟一空,皓月千里,浮光耀金,静影沉璧;渔歌互答,此乐何极!登斯楼也,则有心旷神怡,宠辱皆忘,把酒临风,其喜洋洋者矣。

【注释】

①芷:香草名。汀:水边平地。

【译文】

　　至于到了春日晴和、阳光明媚的时节,波浪不起,天光水色相映,江面广阔无边一片碧绿;成群的沙鸥,时而飞翔时而停落,美丽的鱼儿,时而浮游,时而潜游;岸边的香草,小洲上的兰花,香气浓郁,颜色青葱。有时大片的烟雾完全消散了,明月照耀着千里大地,浮动的月光像闪耀着的金光,静静的月影映在水中犹如白璧沉在水底,渔夫的歌声互相唱和,这种快乐哪有穷尽啊!在这时登上岳阳楼,就觉得心胸开阔,精神愉快;恩宠和耻辱全忘,举酒临风,真是喜气洋洋啊!

【原文】

　　嗟夫!予尝求古仁人之心,或异二者之为,何哉?不以物喜①,不以己悲;居庙堂之高②,则忧其民;处江湖之远③,则忧其君。是进亦忧,退亦忧。然则何时而乐耶?其必曰"先天下之忧而忧,后天下之乐而乐"欤!噫!微斯人④,吾谁与归?

【注释】

①物:外物。这里指环境遭遇。

②庙堂:指朝廷。

③江湖:民间。

④微:不是。

【译文】

　　唉！我曾经探求过古代品德高尚的人的思想感情,或许跟上面所说的两种思想感情表现不同,这是为什么呢？他们不因为环境好而高兴,也不因为自己遭遇不好而悲伤;在朝廷里做高官就为百姓担忧;处在僻远的民间就为君王担忧。这样进入朝廷做官也担忧,辞官隐居也担忧。那么什么时候才会快乐呢？他们一定会说"忧在天下人之先,乐在天下人之后"吧！唉！如果不是这样的人,我同谁在一起呢？

朋 党 论

欧阳修

【原文】

臣闻朋党之说①,自古有之,惟幸人君辨其君子小人而已②。大凡君子与君子,以同道为朋③;小人与小人,以同利为朋。此自然之理也。

【注释】

①朋党:人们因某种共同的目的而结成的集团。
②幸:希望。
③同道:志同道合。

【译文】

臣听说关于朋党的言论,是自古就有的,只是希望君主能分清他们是君子还是小人就好了。一般说来君子与君子因志趣一致结为朋党,而小人则因私利相同而结为朋党。这是很自然的道理。

【原文】

然臣谓小人无朋,惟君子则有之。其故何哉?小人所好者利禄也,所贪者货财也。当其同利之时,暂相党引以为朋者①,伪也。及其见利而争先,或利尽而交疏,则反相贼害②,虽其兄弟亲戚,不能相保。故臣谓小人无朋,其暂为朋者,伪也。君子则不然。所守者道义③,所行者忠信,所惜者名节④。以之修身,则同道而相益;以之事国,则同心而共济⑤;始终如一,此君子之朋也。故为人君者,但当退小人之伪朋⑥,用君子之真朋,则天下治矣。

【注释】

①党引:结为私党,互相援引。
②贼害:伤害,残害。
③守:信奉。
④名节:名誉气节。
⑤共济:同心协力办事。
⑥退:斥退,排除,摒弃。

【译文】

但是臣认为小人并无朋党,只有君子才有。这是什么原因呢?小人所爱所贪的是薪俸钱财。当他们利益相同的时候,暂时地互相勾结成为朋党,那是虚假的。等到他们见到利益而争先恐后地抢夺,或者利益已尽而交情淡漠,就会反过来互相残害,即使是兄弟亲戚,也不会互相保护。所以说小人并无朋党,他们暂时结为朋党,也是虚假的。君子就不是这样。他们坚持的是道义,履行的是忠信,爱惜的是名节。用这些来提高自身修养,那么志趣一致就能相互补益。用这些来为国家做事,那么观点相同就能同舟共济,把事办成。始终如一,这就是君子的朋党。所以做君主的,只要能斥退小人的假朋党,进用君子的真朋党,那么天下就可以安定了。

【原文】

尧之时,小人共工、驩兜等四人为一朋,君子八元、八恺十六人为一朋。舜佐尧,退四凶小人之朋,而进元、恺君子之朋,尧之天下大治。及舜自为天子,而皋、夔、稷、契等二十二人并列于朝,更相称美,更相推让,凡二十二人为一朋,而舜皆用之,天下亦大治。《书》曰[①]:"纣有臣亿万,惟亿万心;周有臣三千,惟一心。"纣之时,亿万人各异心,可谓不为朋矣,然纣以亡国。周武王之臣三千人为一大朋,而周用以兴[②]。后汉献帝时,尽取天下名士囚禁之,目为党人[③]。及黄巾贼起[④],汉室大乱,后方悔悟,尽解党人而释之,然已无救矣。唐之晚年,渐起朋党之论。及昭宗时,尽杀朝之名士,或投之黄河,曰:"此辈清流,可投浊流。"而唐遂亡矣。

【注释】

①《书》:指《尚书》。下引语出自《尚书·周书·泰誓上》。

②用:因此。

③"后汉"下三句:实际上指的是历史上有名的"党锢之祸",发生在东汉汉桓帝、汉灵帝时。本文误作为汉献帝时事。

④黄巾贼起:东汉灵帝中平元年(184)张角领导的农民起义。贼,统治阶级对起义者的蔑称。

【译文】

唐尧的时候,小人共工、驩兜等四人结为一个朋党,君子八元、八恺等十六人结为一个朋党。舜辅佐尧,斥退四凶结成的小人朋党,而进用八元、八恺的君子朋党,唐尧的天下因此得到大治。等到虞舜自己做了天子,皋陶、夔、稷、契等二十二人同时列位于朝廷,他们互相推举,互相谦让,一共二十二人结为一个朋党,虞舜全都进用他们,天下也因此得到大治。《尚书》说:"商纣有亿万臣,是亿万条心;周有三千臣,却是一条心。"商纣王的时候,亿万人各存异心,可以说不成朋党了,但是纣王因此而亡国。周武王的臣下,三千人结成一个大朋党,但周朝却因此而兴盛。

224

东汉献帝的时候,把天下名士都关押起来,把他们视作"党人"。等到黄巾贼来了,汉王朝大乱,然后才悔悟,解除了党锢释放了他们,可是已经无可挽救了。唐朝的末期,逐渐生出朋党的议论。到了昭宗时,把朝廷中的名士都杀害了,有的竟被投入黄河,说:"这些人自命为清流,应当把他们投到浊流中去。"唐朝也就随之灭亡了。

【原文】

夫前世之主,能使人人异心不为朋,莫如纣;能禁绝善人为朋,莫如汉献帝;能诛戮清流之朋,莫如唐昭宗之世。然皆乱亡其国。更相称美、推让而不自疑,莫如舜之二十二臣,舜亦不疑而皆用之。然而后世不诮舜为二十二人朋党所欺①,而称舜为聪明之圣者②,以能辨君子与小人也。周武之世,举其国之臣三千人共为一朋,自古为朋之多且大,莫如周。然周用此以兴者,善人虽多而不厌也。

嗟呼!治乱兴亡之迹③,为人君者可以鉴矣!

【注释】

①诮(qiào):责备。

②聪明:耳聪目明,指天资高、能力强。

③迹:事迹,引申为道理。

【译文】

前代的君主,能使臣子各怀异心而不结为朋党的,谁也不及商纣王;能禁绝好人结为朋党的,谁也不及汉献帝;能杀害清流朋党的,谁也不及唐昭宗时代。然而他们的国家都招来混乱以至灭亡。互相推举、谦让而不疑忌的,谁也不及虞舜的二十二位大臣,虞舜也毫不猜疑地任用他们。但是后世并不讥笑虞舜被二十二人的朋党所蒙骗,却赞美虞舜是聪明的圣主,原因就在于他能区别君子和小人。周武王时,全国所有的臣下三千人结成一个朋党,自古以来作为朋党又多又大的,谁也不及周朝。然而周朝因此而兴盛,贤士虽多也不感到满足啊。

唉!前代治乱兴亡的事迹,可以作为君主的借鉴了!

《梅圣俞诗集》序

欧阳修

【原文】

予闻世谓诗人少达而多穷①,夫岂然哉?盖世所传诗者,多出于古穷人之辞也。凡士之蕴其所有,而不得施于世者,多喜自放于山巅水涯之外,见虫鱼草木、风云鸟兽之状类,往往探其奇怪;内有忧思感愤之郁积,其兴于怨刺,以道羁臣寡妇之所叹②,而写人情之难言,盖愈穷则愈工。然则非诗之能穷人,殆穷者而后工也。

【注释】

①达:显达。穷:指仕途不得志,困厄。
②羁(jī)臣:宦游异乡或者是被贬谪、斥退在外的官员。

【译文】

我听到世人常说:诗人仕途畅达的少,困厄潦倒的多。难道真是这样吗?大概是世上所流传的诗篇,多出于古代困厄之士的笔下吧。凡是胸藏才智而又不能施展于当世的人,多半喜爱浪迹于山水之中,在外面看见虫鱼、草木、风云、鸟兽等一类的东西,往往探究它们中间的奇异形态。他们内心郁积着忧思和激愤,就用感物起兴的手法将这些情绪寄托在怨恨讽刺的作品之中,用来倾诉那些逐臣和寡妇的哀叹,从而写出了人们所难于用言语表达的感受。大概诗人越困厄潦倒,诗才能写得越工巧。如此说来，并非写诗使诗人处于困厄之中，大概是失意困顿后才能写出好诗来。

【原文】

予友梅圣俞，少以荫补为吏①，累举进士，辄抑于有司，困于州县，凡十余年。年今五十，犹从辟书②，为人之佐，郁其所蓄，不得奋见于事业。其家宛陵③，幼习于诗，自为童子，出语已惊其长老。既长，学乎六经仁义之说，其为文章，简古纯粹，不求苟说于世④。世之人徒知其诗而已。然时无贤愚，语诗者必求之圣俞。圣俞亦自以其不得志者，乐于诗而发之，故其平生所作，于诗尤多。世既知之矣，而未有荐于上者。昔王文康公尝见而叹曰："二百年无此作矣！"虽知之深，亦不果荐也。若使其幸得用于朝廷，作为雅、颂，以歌咏大宋之功德，荐之清庙，而追商、周、鲁颂之作者，岂不伟欤！奈何使其老不得志，而为穷者之诗，乃徒发于虫鱼物类、羁愁感叹之言？世徒喜其工，不知其穷之久而将老也，可不惜哉！

【注释】

①荫补：因前辈的功勋、官爵而得官为"荫"；官员有缺额，选人授职为"补"。

②辟（bì）书：征召的聘书。

③宛陵：在今安徽宣城，汉代时为宛陵县。

④说：同"悦"。

【译文】

我的朋友梅圣俞，年轻时由于先辈的功勋而补了一个小官，屡次被推荐考进士，却总是遭到主考部门的压制，在地方上担任小官已经十多年了。如今他年已五十，还要靠别人下聘书，去当人家的幕僚，压抑着自己心中的抱负，不能在事业上充分地表现出来。他家乡在宛陵，从小就学习诗歌，还是个孩童的时候，写出的诗句就已使当地的父老长辈感到惊异了。等到长大，学习了六经仁义的学问，他的文章，简古纯正，不愿意迎合世人来博得欢心。世人只知道他的诗罢了。然而当时人不论贤愚，谈论诗歌，就一定会向圣俞请教。圣俞也喜欢把自己不得志的地方通过诗歌发泄出来，因此他平时所写的作品，以诗歌最多。世人已经知道他这个人了，但却没有人向皇帝推荐他。从前王文康公曾看到他的诗作，慨叹地说："二百年没有这样的作品了！"虽然这么欣赏他，却终究没有推荐他。如果他有幸得到朝廷的任用，写出如《诗经》中雅、颂那样的作品，歌颂大宋的功业恩德，献给宗庙，比得上商颂、周颂、鲁颂的作者，这难道不是很伟大的成就吗？怎么能让他到老还不能实现理想，只能写一些不得志的诗，白白地抒发一些虫鱼物类、羁愁困苦的感叹之言呢？世人只喜爱他诗歌的工巧，却不知道他困厄已久而且将要老死了，这难道不值得惋惜吗？

【原文】

圣俞诗既多，不自收拾。其妻之兄子谢景初，惧其多而易失也，取其自洛阳至于吴兴以来所作，次为十卷。予尝嗜圣俞诗，而患不能尽得之，遽喜谢氏之能类次也①，辄序而藏之。其后十五年，圣俞以疾卒于京师。余既哭而铭之，因索于其家，得其遗稿千余篇，并旧所藏，掇其尤者六百七十七篇②，为一十五卷。呜呼！吾于圣俞诗论之详矣，故不复云。

庐陵欧阳修序。

【注释】

①遽：立刻。

②掇(duō):选择。尤:同"优"。

【译文】

圣俞写的诗很多,自己却不收集整理。他的内侄谢景初担心太多而容易散失,因此选取他从洛阳到吴兴这段时间的作品,编为十卷。我早就酷爱圣俞的诗,却担心不能全部得到,因此,十分高兴谢氏能将它们分类编排,就立刻为之作序并保存起来。从那以后过了十五年,圣俞因病在京城去世。我痛哭着为他写好了墓志铭,便向他家索求他的诗,得到他的遗稿一千多篇,连同先前所保存的,选取其中特别好的六百七十七篇,编为十五卷。唉!我对圣俞的诗歌已经评论得很多了,所以不再多说了。

庐陵欧阳修作序。

《五代史·伶官传》序

欧阳修

【原文】

呜呼！盛衰之理，虽曰天命，岂非人事哉！原庄宗之所以得天下①，与其所以失之者，可以知之矣。

【注释】

①庄宗：指五代时后唐庄宗李存勖(xù)，李克用之子，沙陀部人。李克用镇压黄巢起义有功，被封为陇西郡王，后拜为晋王。天祐五年(908)，李克用卒，李存勖袭晋王位。公元923年，火后梁，建立后唐。

【译文】

唉！盛衰的道理，虽然说是天命，难道与人事就没有关系吗？推究后唐庄宗得到天下以及最后失去天下的原因，就可以明白这一点！

【原文】

世言晋王之将终也①，以三矢赐庄宗而告之曰："梁②，吾仇也；燕王③，吾所立；契丹，与吾约为兄弟，而皆背晋以归梁。此三者，吾遗恨也。与尔三矢，尔其无忘乃父之志！"庄宗受而藏之于庙。其后用兵，则遣从事以一少牢告庙，请其矢，盛以锦囊，负而前驱，及凯旋而纳之。

【注释】

①晋王:指李存勖的父亲李克用。

②梁:五代时朱温建立后梁,都城在汴(今河南开封),国号为梁。朱温原为黄巢起义军中的将领,后降唐成为势力最大的军阀。他与李克用一起镇压农民起义军,官至四镇节度使,封梁王。后朱温灭唐。

③燕王:唐末节度使刘守光,文中指刘仁恭。公元894年,李克用与刘仁恭大战,后其子刘守光囚父杀兄,自称幽州节度使留后。公元909年,朱温封他为燕王。

【译文】

世人相传晋王将要死的时候,将三支箭赐给庄宗并告诉他说:"梁,是我的仇人;燕王,是我扶植起来的;契丹,和我约好为兄弟,但他们都背叛我们而投靠梁。这三件事情,是我的遗恨。给你三支箭,你不要忘记了你父亲的心愿。"庄宗接过这三支箭,并将他们收藏在宗庙里。之后只要统兵打仗,就会派官员用少牢到宗庙里祭祀祷告,恭敬地请出那三支箭,把它们装在锦囊之中,背着它们到战场作战,等到战胜凯旋,再将它们放回到宗庙里去。

【原文】

方其系燕父子以组①,函梁君臣之首②,入于太庙,还矢先王,而告以成功,其意气之盛,可谓壮哉!及仇雠已灭,天下已定,一夫夜呼,乱者四应,仓皇东出,未见贼而士卒离散,君臣相顾,不知所归,至于誓天断发,泣下沾襟,何其衰也!岂得之难而失之易欤?抑本其成败之迹,而皆自于人欤?

【注释】

①组:绳索。公元911年,刘守光自称大燕皇帝,次年被李存勖所

俘。公元914年,刘氏父子被李存勖以绳索拴住,献入太庙。

②函:用木匣子装起来。

【译文】

当庄宗用绳索绑着燕王父子,用木匣子装着梁国君臣的首级,放入太庙之中,将箭交回先王的灵前,昭告天下大功已成,是何等意气风发,真可以称得上雄壮啊! 等到仇敌都消灭了,天下安定了,一个人在夜间一声呼喊,叛乱者在四方响应,他仓皇向东奔逃,还没有看见叛贼,士兵们就已经溃散了。君臣面面相觑,不知道该走向何方,以至君臣割发向天发誓,痛哭流涕,这又是何等悲惨衰弱! 难道是得到天下困难而失去天下容易吗? 还是本来一个人的成败,都是由人自己决定的呢?

【原文】

《书》曰:"满招损,谦得益。"忧劳可以兴国,逸豫可以亡身,自然之理也。故方其盛也,举天下之豪杰,莫能与之争;及其衰也,数十伶人困之,而身死国灭,为天下笑。夫祸患常积于忽微①,而智勇多困于所溺,岂独伶人也哉? 作《伶官传》。

【注释】

①忽微:形容细小。

【译文】

《尚书》说:"自满会遭受损害,自谦会得到益处。"忧患劳碌可以使国家兴盛,安逸享乐可以使自己灭亡,这是自然的道理。所以,当他兴盛的时候,能够率领天下豪杰,没有谁能与他争锋;而等他衰落的时候,十来个伶人将他围困,就能使他身死国亡,被天下人耻笑。祸患常常是从细微的小事逐渐累积起来的,而智勇双全的人往往被自己溺爱的事物所困住,哪里仅仅只是伶人呢? 于是我写下了这篇《伶官传》。

醉翁亭记

欧阳修

【原文】

　　环滁皆山也。其西南诸峰,林壑尤美。望之蔚然而深秀者,琅琊也①。山行六七里,渐闻水声潺潺,而泻出于两峰之间者,酿泉也。峰回路转,有亭翼然临于泉上者②,醉翁亭也。作亭者谁?山之僧智仙也。名之者谁?太守自谓也③。太守与客来饮于此,饮少辄醉,而年又最高,故自号曰"醉翁"也。醉翁之意不在酒,在乎山水之间也。山水之乐,得之心而寓之酒也。

【注释】

　　①琅琊(láng yá):山名,古称摩陀岭,在今安徽滁州。相传因为东晋琅琊王司马睿在此避难而得名。

　　②翼然:像鸟张开翅膀的样子。

　　③太守:汉代郡的长官的称呼。宋代废郡设州,没有太守这一官职,常把知州(州府的长官)称为太守。

【译文】

　　滁州的四周都是山。它的西南角的几座山峰,树林和山谷尤其秀美。远望过去,树木茂盛、幽深秀丽的,就是琅琊山。沿着山路走六七里路,渐渐听见潺潺的流水声,流水从两个山峰之间倾泻而出,这就是酿泉。山路环回,道路盘旋,看见泉水的上方有个像鸟儿的翅膀展开一样的亭子,这就是醉翁亭。建造亭子的是谁呢?是这山上的和尚智仙。给亭子命名的是谁呢?是太守用自己的雅号来命名的。太守和宾客们在这里饮酒,稍微喝一点点就醉了,加上年纪又最大,因此自号"醉翁"。醉翁的意趣不在于喝酒,而在于山水之间。这山水的乐趣,是领会在心中而又寄寓在酒中的。

【原文】

若夫日出而林霏开①,云归而岩穴暝②,晦明变化者,山间之朝暮也。野芳发而幽香,佳木秀而繁阴,风霜高洁,水落而石出者,山间之四时也。朝而往,暮而归,四时之景不同,而乐亦无穷也。

【注释】

①霏(fēi):雾气。
②暝(míng):昏暗。

【译文】

太阳出来以后,林间的烟雾慢慢散去;到傍晚时分,云雾归集,山谷就昏暗了,这明暗的变化,就是山间的黎明和黄昏。春天野花盛开,散发出阵阵幽香;夏天树木繁茂,投下一片浓密的树荫;秋天天高气爽,秋霜洁白;冬天溪水低落,山石露出水面,这是山间四季的景象。早上进山,傍晚归来,四时的景象各不相同,乐趣也就无穷无尽了。

【原文】

至于负者歌于途,行者休于树,前者呼,后者应,伛偻提携①,往来而不绝者,滁人游也。临溪而渔,溪深而鱼肥;酿泉为酒,泉香而酒洌;山肴野蔌②,杂然而前陈者,太守宴也。宴酣之乐,非丝非竹,射者中,弈者胜,觥筹交错③,起坐而喧哗者,众宾欢也。苍颜白发,颓然乎其间者,太守醉也。

【注释】

①伛偻(yǔ lǚ)提携:指老人和小孩。伛偻,弯着腰的样子,指老人。提携,需要搀扶的小孩。

②野蔌(sù):野菜。

③觥(gōng)筹:酒杯。筹,记饮酒数目的签子。

【译文】

至于那些背东西的人在路上歌唱,行人在树下歇息,走在前面的呼喊,落在后面的回应,老人小孩来来往往没有间断,这都是在游玩的滁州人。在溪水边上捉鱼,溪水深而鱼儿肥;用酿泉的水做酒,泉香而酒清;各种野味和山菜,错杂地放在地上,这就是太守的宴会。宴会的乐趣,不在乎有没有音乐,投壶的中了,下棋的赢了,于是酒杯和筹码往来交错,或站或坐,大声喧哗,这就是宾客们在尽情欢乐。那个面容苍老,头发花白,醉倒在他们当中的,就是太守。

【原文】

已而夕阳在山,人影散乱,太守归而宾客从也。树林阴翳,鸣声上下,游人去而禽鸟乐也。然而禽鸟知山林之乐,而不知人之乐;人知从太守游而乐,而不知太守之乐其乐也。醉能同其乐,醒能述以文者,太守也。太守谓谁?庐陵欧阳修也①。

【注释】

①庐陵:今江西吉安。

【译文】

过了一会儿,夕阳挂在山头,人影散乱,太守回去了,宾客们也跟随着回去。树林渐渐暗了下来,鸟鸣声上上下下在林中响起一片,游人离去,鸟儿开始欢唱了。但是鸟儿只知道山林的乐趣,而不知道游人的乐趣;人们只知道跟着太守游玩山水的乐趣,而不知道太守是以他们的快乐为快乐;酒醉了,能和大家一起享受这种快乐;酒醒了,又可以将这种快乐写成文章,这就是太守了。太守是谁呢?就是庐陵欧阳修啊。

留 侯 论

苏 轼

【原文】

　　古之所谓豪杰之士,必有过人之节①,人情有所不能忍者。匹夫见辱,拔剑而起,挺身而斗,此不足为勇也。天下有大勇者,卒然临之而不惊②,无故加之而不怒,此其所挟持者甚大,而其志甚远也。

【注释】

　　①节:节操。
　　②卒:同"猝",突然。

【译文】

　　古代所谓的豪杰之士,必定有超过常人的节操,以及常人在情感上所不能忍耐的度量。普通人一旦受到侮辱,就拔出剑跳起来,挺身去决斗,这称不上勇敢。天下真正有大勇的人,突然面临意外不惊慌失措,无故受到侮辱也不愤怒,这是因为他们的抱负很大,而他们的志向又很高远。

【原文】

　　夫子房受书于圯上之老人也①,其事甚怪。然亦安知其非秦之世有隐君子者,出而试之?观其所以微见其意者,皆圣贤相与警戒之义,世人不察,以为鬼物,亦已过矣。且其意不在书。当韩之亡、秦之方盛也,以刀锯鼎镬待天下之士②,其平居无事夷灭者,不可胜数。虽有贲、育,无所获施。夫持法太急者,其锋不可犯,而其势未可乘。子房不忍忿忿之心,以匹夫之力,而逞于一击之间③。当此之时,子房之不死者,其间不能容发,盖亦危矣。千金之子④,不死于盗贼,何哉?其身可爱,而盗贼之不足以死也。子房以盖世之才,不为伊尹、太公之谋,而特出于荆轲、聂政之计,以侥幸于不死,此圯上老人所为深惜者也。是故倨傲鲜腆而深折之⑤,彼其能有所忍也,然后可以就大事。故曰:"孺子可教也。"

【注释】

①圯(yí):桥。相传张良遇到一位老人于下邳(今江苏睢宁北)圯上。老人故意折辱他,他都忍气顺从,遂授以兵书,说:"读此则为王者师矣。"这位老人,后人说是黄石公。

②镬:一种烹饪器具。古代有以鼎镬烹人的酷刑。

③一击之间:张良曾与力士在博浪沙狙击秦始皇,误中副车。秦始皇大怒,下令全国搜捕,未获。

④千金之子:指富贵人家的子弟。

⑤鲜腆:无礼。

【译文】

张良从桥上老人那里得到兵书,此事很奇怪。然而,又怎么能断定这位老人不是秦时隐居的有识之士,出来考验张良的呢?观察老人用以含蓄地表达自己意见的,都是圣贤相互劝诫的道理。世人不清楚这些,以为他是鬼怪,这是不对的。而且,老人的用意并不在那本兵书上。当韩国灭亡的时候,秦国正强盛,用各种酷刑迫害天下的士人,安分守己而无罪被杀的人,多不胜数。这时即使有孟贲、夏育这样的勇士,也无所施展。立法严厉、苛刻的政权，它锐利的锋芒不能触犯，而当时的形势也未有可乘之机。但张良却忍不住愤恨之气，凭借一人的力量，想用一击来达到目的。当时，张良与死亡的距离只有毫发之微，真是太危险了。拥有万贯家财的富家子弟，决不肯死在盗贼的手里，为什么呢？因为他们知道生命宝贵，死在盗贼之手不值得。张良有超群的才干，他不去考虑伊尹、太公那样安邦定国的大谋略，却想采取荆轲、聂政那样行刺的小计策，完全因为侥幸才得以不死，这正是桥上老人为他深感痛惜的。所以，老人故意用傲慢无礼的行为狠狠地刺激他，让他能有忍耐之心，然后才可以去完成伟大的事业。所以老人说："这年轻人是可以教导的。"

【原文】

楚庄王伐郑，郑伯肉袒牵羊以迎①。庄王曰："其主能下人，必能信用其民矣。"遂舍之。勾践之困于会稽，而归臣妾于吴者，三年而不倦。且夫有报人之志，而不能下人者，是匹夫之刚也。夫老人者，以为子房才有余而忧其度量之不足，故深折其少年刚锐之气，使之忍小忿而就大谋。何则？非有平生之素，卒然相遇于草野之间，而命以仆妾之役，油然而不怪者，此固秦皇之所不能惊，而项籍之所不能怒也。

【注释】

①肉袒：脱衣露体，表示谢罪。

【译文】

楚庄王攻打郑国，郑襄公袒露着身体，牵着羊去迎接。楚庄王说："郑国的国君能居于人下，必定能使人民信任他并为他所用。"于是就从郑国撤兵了。越王勾践被困在会稽山，就率臣下妻子投降吴国，做吴王的下人，三年中丝毫没有懈怠。如果只有报仇的志向，而不能屈从忍耐，那不过是普通人的刚强。那位老人，认为张良的才干有余，但担心他的度量不足,所以就狠狠地挫伤他青年人的刚强锐利之气,使他能够忍受住小的愤怒而去完成大的计划。为什么呢? 老人与张良素昧平生,突然在野外相遇,却命令他做捡鞋穿鞋这种下人做的事情,而张良却处之泰然,顺从去做而并不惊怪,这样,秦始皇当然不能使他惊惧,而项羽也不能使他暴怒了。

【原文】

观夫高祖之所以胜、项籍之所以败者,在能忍与不能忍之间而已矣。项籍唯不能忍,是以百战百胜,而轻用其锋;高祖忍之,养其全锋而待其敝,此子房教之也。当淮阴破齐而欲自王①,高祖发怒,见于词色。由是观之,犹有刚强不能忍之气,非子房其谁全之?

【注释】

①当淮阴破齐:淮阴指淮阴侯韩信。他平定齐地时,请求刘邦封他为"假王"。刘邦发怒,经张良提醒,乃封韩信为齐王。

【译文】

考察汉高祖刘邦取胜而项羽失败的原因,就在于他们能忍耐和不能忍耐的区别而已。项羽正因为不能忍耐,所以百战百胜而轻易出兵;而高祖刘邦能够忍耐,保存强大的实力以等待对方疲惫的时机,这是张良教给他的。当淮阴侯韩信攻占了齐地,想自立为王时,刘邦大怒,表现在言语和神色上。由此看来,刘邦还有刚强而不能忍耐的气性,不是张良,又有谁能成全他兴汉呢?

【原文】

太史公疑子房以为魁梧奇伟,而其状貌乃如妇人女子,不称其志气①。呜呼,此其所以为子房欤!

【注释】

①称:与……相当、相称。

【译文】

太史公司马迁猜测张良一定是个高大魁梧的人,但实际上张良的身材、相貌就像女子一样,同他的志向和气概并不相称。唉,这就是张良之所以是张良的缘故吧!

凌虚台记

苏 轼

【原文】

国于南山之下①,宜若起居饮食与山接也。四方之山,莫高于终南,而都邑之丽山者②,莫近于扶风。以至近求最高,其势必得。而太守之居,未尝知有山焉。虽非事之所以损益,而物理有不当然者。此凌虚之所为筑也。

【注释】

①国:指都城。
②丽:附着。

【译文】

都城建在终南山脚下,似乎日常饮食起居都和山分不开。四面的山,都没有高过终南山的,而最靠近终南山的城邑,莫过于扶风了。从最近的地方去最高的地方,这是一定可以做到的。但是太守住在这里,却不知道那里有山。虽然这对政事没有什么影响,但是在事理上却说不通。这就是建造凌虚台的原因。

【原文】

方其未筑也,太守陈公杖履逍遥于其下①,见山之出于林木之上者,累累如人之旅行于墙外而见其髻也②,曰:"是必有异。"使工凿其前为方池,以其土筑台,高出于屋之檐而止。然后人之至于其上者,恍然不知台之高,而以为山之踊跃奋迅而出也。公曰:"是宜名凌虚。"以告其从事苏轼,而求文以为记。

【注释】

①杖履:拄着拐杖,穿着鞋子出游。
②髻:绾在头顶的发结。

【译文】

当它还没有建起来的时候,太守陈公曾经拄着拐杖,穿着鞋子,步行在山下自在地游玩,看到高过林木的山峰,重重叠叠,就像是墙外有人经过,只能看到他的发髻一样,陈公说:"这里一定有奇异的地方。"于是让工匠在山前凿出了一个方池,用挖出来的土筑成高台,筑到高出屋檐为止。这样,后来登上高台的人,惶惶然不知台的高度,还以为是山峦踊跃,突然之间冒出来的。陈公说:"这个高台适合取名为凌虚。"他把这个意思告诉他的佐使苏轼,请他写一篇记文。

【原文】

轼复于公曰:"物之废兴成毁,不可得而知也。昔者荒草野田,霜露之所蒙翳,狐虺之所窜伏①。方是时,岂知有凌虚台耶?废兴成毁,相寻于无穷,则台之复为荒草野田,皆不可知也。尝试与公登台而望,其东则秦穆之祈年、橐泉也,其南则汉武之长杨、五柞②,而其北则隋之仁寿、唐之九成也③。计其一时之盛,宏杰诡丽,坚固而不可动者,岂特百倍于台而已哉!然而数世之后,欲求其仿佛,而破瓦颓垣无复存者,既已化为禾黍荆棘丘墟陇亩矣,而况于此台欤!夫台犹不足恃以长久,而况于人事之得丧,忽往而忽来者欤?而或者欲以夸世而自足,则过矣。盖世有足恃者,而不在乎台之存亡也。"既已言于公,退而为之记。

【注释】

①虺(huǐ):毒蛇。
②长杨、五柞:都是汉代宫名。
③仁寿:宫名,隋文帝时建立,后在贞观五年(631)改名为九成宫。

【译文】

苏轼回复陈公说:"事物的衰废、兴起、成功、毁坏,是不可预料的。从前,这里是一片荒草野田,到处都为霜露所遮蔽,狐狸和毒蛇经常出没。那个时候,怎么知道会有今天的凌虚台呢?衰废、兴起、成功、毁坏相互更替,没有穷尽,所以,高台重新成为荒草野田,也是不能预料的。曾经和您一起登台远望,发现它的东面是当年秦穆公的祈年宫、橐泉宫,南面是汉武帝的长杨宫和五柞宫,而北面是隋文帝的仁寿宫、唐太宗的九成宫。回想它们当年的盛况,宏伟诡丽,坚不可摧的气势,何止是胜过今天的土台百倍呢?但是,几代过去以后,即使还想看看它们当年依稀的模样,竟连破瓦颓垣都不存在了,都已经化为长满庄稼的田地和荆棘遍野的荒丘,更何况是这一类的土台呢?土台尚且不能保证它的长久,更何况是人事的得失,来也匆匆,去也匆匆呢?如果有人想以此来向世人夸耀并自我满足,那么他就错了。大概世上确实有足以依靠的东西,但是并不在于土台的存亡。"我把这些向陈公讲述之后,回来就写下了这篇记文。

前赤壁赋

苏 轼

【原文】

壬戌之秋①,七月既望,苏子与客泛舟游于赤壁之下。清风徐来,水波不兴。举酒属客②,诵《明月》之诗,歌"窈窕"之章。少焉,月出于东山之上,徘徊于斗、牛之间③。白露横江,水光接天。纵一苇之所如,凌万顷之茫然。浩浩乎如冯虚御风,而不知其所止;飘飘乎如遗世独立,羽化而登仙④。

【注释】

①壬戌:宋神宗元丰五年,即公元1082年。
②属:这里指劝酒。
③斗、牛:星宿名。斗宿和牛宿。
④羽化:道教认为人能够飞天成仙,称成仙为化羽。

【译文】

壬戌年秋季,七月十六日,我与客人一起在赤壁下泛舟。清风徐徐吹来,江面水波平静。我举起酒杯,邀请客人同饮,朗诵《明月》诗中的"窈窕"一章。不一会儿,月亮从东山升上来,徘徊在斗宿和牛宿两个星宿之间。白茫茫的雾气铺满整个江面,水波和月光在天尽处相接成一片。我们任由小舟漂游,越过茫茫无际的江面。江面辽阔,就像是凌空驾风一样,不知该在何处停留;清风扶摇,仿佛离开尘世,了无牵挂,飞升成仙,登上仙境。

【原文】

于是饮酒乐甚,扣舷而歌之。歌曰:"桂棹兮兰桨,击空明兮溯流光。渺渺兮予怀,望美人兮天一方。"客有吹洞箫者,依歌而和之。其声呜呜然,如怨如慕,如泣如诉,余音袅袅,不绝如缕,舞幽壑之潜蛟,泣孤舟之嫠妇①。

【注释】

①嫠(lí)妇:寡妇。

【译文】

这时,酒兴越来越浓,我们敲打着船舷歌唱。唱道:"桂木的棹啊,兰木的桨,拍打清澈的江水啊,小舟穿过流动的波光。多么悠远啊我的思念,遥望我心中的美人啊她在遥远的地方。"有一位会吹箫的客人,随着我们的歌声伴奏。箫声呜呜,像怨恨,像思慕,像哭泣,又像是倾诉,余音缭绕,就像纤细的丝缕一样,不绝于耳,让潜藏在深渊中的蛟龙起舞,让孤舟中的寡妇哭泣。

【原文】

苏子愀然,正襟危坐而问客曰:"何为其然也?"客曰:"'月明星稀,乌鹊南飞',此非曹孟德之诗乎?西望夏口①,东望武昌②,山川相缪③,郁乎苍苍,此非孟德之困于周郎者乎?方其破荆州,下江陵,顺流而东也,舳舻千里④,旌旗蔽空,酾酒临江,横槊赋诗⑤,固一世之雄也,而今安在哉?况吾与子渔樵于江渚之上,侣鱼虾而友麋鹿,驾一叶之扁舟,举匏樽以相属⑥。寄蜉蝣于天地⑦,渺沧海之一粟,哀吾生之须臾,羡长江之无穷。挟飞仙以遨游,抱明月而长终。知不可乎骤得,托遗响于悲风。"

【注释】

①夏口:汉水下游入长江的地方,古称夏口,又称汉口。

②武昌:三国吴时武昌县,今湖北鄂州。

③缪:同"缭",缠绕。

④舳舻(zhú lú):前后首尾相接的船。舳,船后掌舵处。舻,船前摇棹处。

⑤槊(shuò):长矛。

⑥匏(páo)樽:葫芦做的酒器。匏,葫芦的一种。

⑦蜉蝣(fú yóu):一种小飞虫,夏季生活在水边,成虫只能存活几个小时。

【译文】

我不禁悲怆起来,整整衣襟,端正地坐着,问客人:"为什么箫声会如此悲凉呢?"客人回答说:"'月明星稀,乌鹊南飞',这不是曹孟德的诗吗?西望是夏口,东望是武昌,山川河流相互缠绕,草木葱翠,这不是曹孟德被周瑜围困的地方吗?当年他夺得荆州,顺江东下,直达江陵,战船接连千里,旌旗遮天蔽日,临江洒酒,手拿长矛吟诗作赋,真可谓一世英雄,但如今又在哪里呢?又何况是我与你在这江上捕鱼打柴,与鱼虾为伴,与麋鹿为友,乘着一叶扁舟,在这里举杯劝酒呢!如同蜉蝣生于天地之间,渺小得如同大海中的一粒粟米,感叹我生命的短暂,羡慕长江的奔流不息。畅想与飞仙一同遨游,与明月一起长存。知道这些不能在突然之间得到,只有将箫声的余音寄托给悲凉的秋风。"

【原文】

苏子曰:"客亦知夫水与月乎?逝者如斯,而未尝往也;盈虚者如彼,而卒莫消长也。盖将自其变者而观之,则天地曾不能以一瞬;自其不变者而观之,则物与我皆无尽也。而又何羡乎?且夫天地之间,物各有主,苟非吾之所有,虽一毫而莫取。惟江上之清风,与山间之明月,耳得之而为声,目遇之而成色,取之无禁,用之不竭。是造物者之无尽藏也,而吾与子之所共适。"

【译文】

我说:"您也知道秋水和明月吗?江水奔流不息,但是它并没有流走;月亮有阴晴圆缺,但是它终究没有增也没有减。所以,从变化的方面看,天地间的事物每一眨眼间都在变化;从不变的方面来看,则万物与我们都是无穷无尽的。又何必羡慕它们呢?天地之间,万物各有主人,假如不是为我所有,那么即使是一丝一毫也是不能得到的。只有江面的清风,山间的明月,耳朵听到它,就成为声音,眼睛看到它,就变成了颜色,取用多少从没有人禁止,享用多少也从不曾用尽。这是造物主的无穷无尽的宝贝,是你和我能够共同拥有的啊!"

【原文】

客喜而笑,洗盏更酌,肴核既尽,杯盘狼藉。相与枕藉乎舟中①,不知东方之既白。

【注释】

①枕藉(jiè):相互枕着靠着睡觉。

【译文】

客人高兴地笑了起来,洗净酒杯,重新斟酒,佳肴果品已经吃完了,杯盘杂乱无章地放着。我们在小舟中互相靠着枕着睡觉,不知不觉,东方的天空已经泛白(天亮了)!

249

六 国 论

苏 辙

【原文】

尝读六国世家①,窃怪天下之诸侯,以五倍之地、十倍之众,发愤西向,以攻山西千里之秦②,而不免于灭亡。常为之深思远虑,以为必有可以自安之计。盖未尝不咎其当时之士,虑患之疏而见利之浅,且不知天下之势也。

【注释】

①世家:《史记》中的一体,主要记各国诸侯事迹。

②山西:崤山以西地区,即秦国。与"山东"的六国相对。

【译文】

我曾经阅读《史记》中有关六国的各"世家",使我感到奇怪的是,天下的诸侯以五倍于秦国的土地、十倍于秦国的人口,发愤向西攻打崤山以西、方圆千里的秦国,却不能免于灭亡。我常常替他们深入地思考,认为必然会有自保的策略。因此未尝不责怪当时的谋臣们,他们对于祸患考虑得太少,谋取利益,目光短浅,并且未能正确明白天下的形势。

【原文】

夫秦之所与诸侯争天下者,不在齐、楚、燕、赵也,而在韩、魏之郊①；诸侯之所与秦争天下者,不在齐、楚、燕、赵也,而在韩、魏之野②。秦之有韩、魏,譬如人之有腹心之疾也。韩、魏塞秦之冲,而蔽山东之诸侯,故夫天下之所重者,莫如韩、魏也。昔者范雎用于秦而收韩③,商鞅用于秦而收魏④。昭王未得韩、魏之心,而出兵以攻齐之刚、寿⑤,而范雎以为忧,然则秦之所忌者可见矣。

【注释】

①郊:泛指国土。

②野:泛指国土。

③范雎:魏国人,字叔,战国时秦相。主张远交近攻,先取韩国。

④商鞅:卫国人,公孙氏,名鞅。曾建议秦孝公伐魏。

⑤刚、寿:齐地,均在今山东。

【译文】

秦国要和诸侯争夺天下的关键所在,不是齐、楚、燕、赵等国,而是在韩、魏的国土;诸侯要和秦国争夺天下的关键,也不是在齐、楚、燕、赵等国,而是在韩、魏的国土。对秦国来说,韩、魏的存在,就好比人有心、腹的疾病一样。韩、魏两国阻碍了秦国出入的要道,掩护着崤山以东的各个国家,所以天下最被看重的,莫过于韩、魏两国了。从前范雎被秦国重用,就进攻韩国,商鞅被秦国重用,就进攻魏国。秦昭王在还没获得韩、魏的归服以前,却出兵去攻打齐国的刚、寿一带,范雎为此感到担忧,这样秦国忌惮的事情就可以看得出来了。

【原文】

秦之用兵于燕、赵,秦之危事也。越韩过魏而攻人之国都,燕、赵拒之于前,而韩、魏乘之于后,此危道也。

而秦之攻燕、赵，未尝有韩、魏之忧，则韩、魏之附秦故也。夫韩、魏，诸侯之障，而使秦人得出入于其间，此岂知天下之势耶？委区区之韩、魏①，以当强虎狼之秦，彼安得不折而入于秦哉②？韩、魏折而入于秦，然后秦人得通其兵于东诸侯，而使天下遍受其祸。

【注释】

①委：放弃。
②折：屈服。

【译文】

秦国要对燕、赵两国用兵，这对秦国是危险的事情。越过韩、魏两国去攻打别国的国都，燕、赵在前面抵挡它，韩、魏就乘机从后面袭击它，这是危险的做法。可是当秦国去攻打燕、赵时，却不曾有韩、魏的顾虑，这是因为韩、魏归附了秦国的缘故。韩、魏是各诸侯国的屏障，却让秦国人能够在他们的国境内自由出入，这难道是了解天下的形势吗？放弃小小的韩、魏两国，让他们去抵挡像虎狼一般强横的秦国，他们怎能不屈服于秦国呢？韩、魏一屈服而归向秦国，从此以后秦国人就可以出动军队直达东方各国，而且让全天下到处都遭受到他的祸害。

【原文】

夫韩、魏不能独当秦，而天下之诸侯藉之以蔽其西，故莫如厚韩亲魏以摈秦。秦人不敢逾韩、魏以窥齐、楚、燕、赵之国，而齐、楚、燕、赵之国因得以自完于其间矣。以四无事之国，佐当寇之韩、魏，使韩、魏无东顾之忧，而为天下出身以当秦兵。以二国委秦①，而四国休息于内，以阴助其急，若此可以应夫无穷，彼秦者将何为哉？不知出此，而乃贪疆埸尺寸之利，背盟败约,以自相屠灭。秦兵未出,而天下诸侯已自困矣。至于秦人得伺其隙,以取其国,可不悲哉?

【注释】

①委:对付。

【译文】

韩、魏是不能单独抵挡秦国的,可是全天下的诸侯却必须靠着他们去隔开西边的秦国,所以不如亲近韩、魏来抵御秦国。秦国人就不敢越过韩、魏,来图谋齐、楚、燕、赵四国,那么齐、楚、燕、赵四国就能因此而得以自保了。用四个没有战事的国家,协助面临敌寇威胁的韩、魏两国,让韩、魏没有防备东边各国的忧虑,替全天下挺身而出抵挡秦国军队。用韩、魏两国对付秦国,其余四国在后方休养生息,来暗中援助韩、魏的急难,像这样就可以不断地应付下去,秦国还能有什么作为呢?诸侯们不知道这样考虑,却只贪图边境上些微的利益,违背盟约,以至于自相残杀。秦国的军队还没出动,天下的诸侯各国就已经自己陷入困境了。以至于让秦国人能够乘虚而入夺取他们的国家,怎能不让人悲叹呢?

黄州快哉亭记

苏 辙

【原文】

江出西陵①,始得平地,其流奔放肆大,南合湘、沅②,北合汉、沔③,其势益张。至于赤壁之下,波流浸灌,与海相若。清河张君梦得,谪居齐安④,即其庐之西南为亭,以览观江流之胜。而余兄子瞻名之曰"快哉"。

【注释】

①西陵:西陵峡,长江三峡之一。
②湘、沅:湘江和沅江。
③汉、沔(miǎn):汉水、沔水。沔水实为汉水的北段。
④齐安:即黄州,治所在今湖北黄冈。

【译文】

长江流出西陵峡,开始进入平坦的地形,水势奔腾浩大,在南面汇合了湘水、沅水,在北面接纳了汉水、沔水,水势更加盛大了。到了赤壁下面,江水浩荡,犹若大海。清河张梦得先生贬官到黄州,就在他的住宅的西南面建了一个亭子,来欣赏长江上的好景。我哥哥子瞻给亭子取名叫"快哉"。

【原文】

盖亭之所见,南北百里,东西一舍①,涛澜汹涌,风云开阖②;昼则舟楫出没于其前,夜则鱼龙悲啸于其下;变化倏忽,动心骇目,不可久视。今乃得玩之几席之上,举目而足。西望武昌诸山③,冈陵起伏,草木行列,烟消日出,渔夫、樵父之舍,皆可指数,此其所以为"快哉"者也。至于长洲之滨,故城之墟,曹孟德、孙仲谋之所睥睨④,周瑜、陆逊之所驰骛⑤,其流风遗迹,亦足以称快世俗。

【注释】

①舍:古时以三十里为一舍。

②阖:聚合。

③武昌:今湖北鄂州。

④睥睨:侧目窥视。

⑤陆逊:东吴名将。驰骛:追逐,驰骋。

【译文】

在亭子里所能看到的,从南到北有上百里,从东到西有三十里左右,波涛汹涌,风云变幻;白天有来往的船舶在它的前面时隐时现,晚上有鱼和龙在它的下面悲鸣;景色变化迅速,惊心骇目,不能长久观看。如今却可以在亭子里的茶几旁、座位上欣赏这些景色,张开眼睛就能看个够了。向西眺望武昌一带的山,丘陵高低起伏,草木成行成列,烟雾消散,太阳出来,渔翁和樵夫的房屋,都可以一一指点数清,这就是取名"快哉"的原因。至于沙洲的岸边,古城的遗址,是曹操、孙权所窥视的地方,周瑜、陆逊纵横驰骋的所在,他们遗留下来的影响和痕迹,也足以使一般人称为快事。

【原文】

昔楚襄王从宋玉、景差于兰台之宫①,有风飒然至者②,王披襟当之,曰:"快哉此风!寡人所与庶人共者耶?"宋玉曰:"此独大王之雄风耳,庶人安得共之?"玉之言盖有讽焉。夫风无雄雌之异,而人有遇不遇之变。楚王之所以为乐,与庶人之所以为忧,此则人之变也,而风何与焉?士生于世,使其中不自得③,将何往而非病④?使其中坦然,不以物伤性,将何适而非快?今张君不以谪为患,收会稽之余⑤,而自放山水之间,此其中宜有以过人者。将蓬户瓮牖⑥,无所不快,而况乎濯长江之清流,挹西山之白云⑦,穷耳目之胜以自适也哉!不然,连山绝壑,长林古木,振之以清风,照之以明月,此皆骚人思士之所以悲伤憔悴而不能胜者,乌睹其为快也⑧!

【注释】

①宋玉:战国时楚国大夫、辞赋家。景差:战国时楚辞赋家。
②飒:形容风声。
③中:指内心。
④病:指忧愁。
⑤收:结束。会稽:同"会计",指赋税钱谷等事务。
⑥蓬户瓮牖:用蓬草编的门,用破瓮做的窗子。形容房屋之简陋。牖,窗户。
⑦挹(yì):汲取。西山:在鄂州西。
⑧乌:哪里。

【译文】

从前,宋玉、景差跟随着楚襄王到兰台宫游玩,有一阵凉风呼呼地吹来,襄王敞开衣襟迎着风,说:"畅快呀,这阵风!这是我和老百姓共同享受的吧?"宋玉说:"这只是大王的雄风,老百姓怎么能和您共享它?"宋玉的话大概含有讽刺的意味。风是没有雌雄的分别的,而人却有得志和不得志的不同。楚襄王快乐的原因,和老百姓忧愁的原因,这是由于人们的处境不同,跟风有什么关系呢?读书人生活在世上,如果他的内心不能自得其乐,那么,他到什么地方去会不忧愁呢？如果他心情开朗,不因为环境的影响而伤害自己的情绪,那么,他到什么地方去会不愉快呢？现在,张君不因为贬官而烦恼,在结束公务之后,自己在山水之中纵情游览,这说明他的内心应该有超过一般人的地方。即使处在最穷困的环境里,也没有什么不愉快,更何况是在长江的清水里洗濯,面对着西山的白云,让耳朵和眼睛充分欣赏美好景物,从而使自己舒畅呢！不是这样,群山绵延,山谷深幽,森林辽阔,古木参天,清风吹拂,明月高照,这些景色都会使失意的文人悲伤憔悴以致不能承受,哪里看得出它们是使人快乐的呢？

读《孟尝君传》
王安石

【原文】

　　世皆称孟尝君能得士,士以故归之,而卒赖其力以脱于虎豹之秦。嗟乎!孟尝君特鸡鸣狗盗之雄耳[①],岂足以言得士?不然,擅齐之强[②],得一士焉,宜可以南面而制秦[③],尚何取鸡鸣狗盗之力哉?鸡鸣狗盗之出其门,此士之所以不至也。

【注释】

　　①特:不过。鸡鸣狗盗:会学鸡叫、会装狗当小偷的人。雄:首领。
　　②擅:占据,凭借。
　　③南面:面向南。古代以坐北朝南为尊位。

【译文】

　　世人都称赞孟尝君能够搜罗人才,因此人才都投靠到他的门下,而孟尝君终于借助他们的力量,得以从虎豹一样凶恶的秦国逃脱。唉!孟尝君只不过是那些鸡鸣狗盗之徒的头目罢了,哪里称得上能网罗人才呢?如果不是这样,凭借齐国的强大力量,只要得到一个真正的人才,就应该南面称王而制服秦国,哪里还用得着借助这些鸡鸣狗盗之徒的力量呢?鸡鸣狗盗之徒出入他的门下,这正是真正的人才不到他那里去的原因啊。

游褒禅山记

王安石

【原文】

褒禅山亦谓之华山①。唐浮图慧褒始舍于其址②,而卒葬之,以故其后名之曰"褒禅"。今所谓慧空禅院者,褒之庐冢也。距其院东五里,所谓华山洞者,以其乃华山之阳名之也。距洞百余步,有碑仆道,其文漫灭,独其为文犹可识,曰"花山"。今言"华"如"华实"之"华"者,盖音谬也。

【注释】

①褒禅山:在今安徽含山北。
②浮图:梵语音译。佛教语,可指佛教、佛塔、佛教徒。这里指佛教徒,即僧人。舍:居住。址:这里指山脚下。

【译文】

褒禅山也叫华山。唐代和尚慧褒当初在山脚下盖房居住,死后就葬在这里,因为这个缘故,后来人们称这座山为"褒禅"。现在人们所说的慧空禅院,就是慧褒的住所、坟墓。距离禅院东边五里,是人们所说的华山洞,因为它在华山的南面而得名。距离山洞一百多步,有一块石碑倒在路旁,那上面的碑文已经模糊不清,只有从它残存的字迹还可以辨认出"花山"的名称。现在把"华"念作"华实"的"华",大概是读音错了。

【原文】

　　其下平旷,有泉侧出,而记游者甚众,所谓"前洞"也。由山以上五六里,有穴窈然①,入之甚寒,问其深,则其好游者不能穷也,谓之"后洞"。予与四人拥火以入②,入之愈深,其进愈难,而其见愈奇。有怠而欲出者,曰:"不出,火且尽。"遂与之俱出。盖予所至,比好游者尚不能十一,然视其左右,来而记之者已少。盖其又深,则其至又加少矣。方是时,予之力尚足以入,火尚足以明也。既其出,则或咎其欲出者,而予亦悔其随之,而不得极乎游之乐也。

【注释】

　　①窈(yǎo)然:幽暗深远的样子。
　　②拥:持。

【译文】

　　山下平坦空旷,有泉水从旁边涌出,题字记游的人很多,这是人们所说的"前洞"。顺山势往上走五六里,有个幽暗深远的洞穴,走进去感到十分寒冷,要问这个洞有多深,就是那些喜欢游览的人也不能走到尽头,人们叫它"后洞"。我和同游的四个人拿着火把走进去,进洞越深,前进越困难,然而见到的景象也越奇特。有倦怠想要退出的人说:"如果不出去,火把就要烧完了。"于是大家就跟他一起退出洞来。大约我走到的地方,比起那些喜欢游览的人来说,还不到十分之一,然而看那左右的洞壁,来到这里题字记游的人已经少了。大概进洞更深,到达过那里的人就更少了。在决定从洞中退出的时候,我的体力还足够继续前进,火把也还足够继续照明。出洞后,便有人责怪那个要求退出来的人,我也后悔自己跟他们一起出来,以至不能尽享游览的乐趣。

【原文】

　　于是予有叹焉。古人之观于天地、山川、草木、虫鱼、鸟兽,往往有得,以其求思之深而无不在也。夫夷以近①,则游者众;险以远,则至者少。而世之奇伟瑰怪,非常之观,常在于险远,而人之所罕至焉,故非有志者,不能至也。有志矣,不随以止也,然力不足者,亦不能至也。有志与力,而又不随以怠,至于幽暗昏惑,而无物以相之②,亦不能至也。然力足以至焉,于人为可讥,而在己为有悔;尽吾志也而不能至者,可以无悔矣,其孰能讥之乎？此予之所得也。

【注释】

①夷:平坦。
②相(xiàng):辅助。

【译文】

　　对这件事我有些感慨。古人观察天地、山川、草木、虫鱼、鸟兽的时候,往往有心得,因为他们探究、思考得非常深入而且广泛。地方平坦并且路程近,到达的人就多;地方险峻并且路程远,到达的人就少。但世上的奇妙雄伟、珍贵奇异、不同寻常的景象,常常在险阻僻远而人们很少到达的地方,所以,不是有志向的人,是不能到达的。有志向,不盲从别人而中止,然而力量不足,也不能到达。有了志向和力量,而且又不盲从别人而松懈,到了那幽深昏暗、令人迷惘的地方,却没有外物来辅助他,也不能到达。但是力量足够到达,却没有到达,在别人看来是可以嘲笑的,在自己看来也是有所悔恨的;尽了自己的努力仍然不能到达的人,就可以没有悔恨了,有谁会讥笑他呢？这就是我这次游山的心得。

【原文】

予于仆碑,又有悲夫古书之不存,后世之谬其传而莫能名者,何可胜道也哉!此所以学者不可以不深思而慎取之也。

四人者:庐陵萧君圭君玉①,长乐王回深父②,予弟安国平父、安上纯父。

【注释】

①庐陵:今江西吉安。

②长乐:今福建福州长乐。

【译文】

我对于那倒在地上的石碑,又因此叹惜古代书籍的失传,后代人以讹传讹,没有人能够说明白的事情,哪能说得完呢?这就是今天治学的人不可不深入地思考、谨慎地选取的原因。

同游的四个人是:庐陵人萧君圭,字君玉;长乐人王回,字深父;我的弟弟王安国,字平父;王安上,字纯父。

卖柑者言

刘 基

【原文】

　　杭有卖果者,善藏柑,涉寒暑不溃,出之烨然①,玉质而金色。剖其中,干若败絮。予怪而问之曰:"若所市于人者,将以实笾豆②,奉祭祀,供宾客乎?将衒外以惑愚瞽乎③?甚矣哉,为欺也!"

【注释】

①烨(yè)然:光彩明亮的样子。
②笾(biān)豆:宴会和祭祀时盛供品的器具,类似后来的盘子。竹制的为笾,木制的为豆。
③衒(xuàn):同"炫",炫耀。瞽(gǔ):盲人。

【译文】

　　杭州有个卖水果的,善于贮藏柑子,即使经过严冬酷暑也不会腐烂。拿出来看时,柑子仍然光鲜明亮,玉石般的质地,黄金般的光泽,但是剖开一看,里面的瓤干枯得就像破败的棉絮一样。我责怪他说:"你卖给别人的柑子,是用来装在盘中,祭祀供奉,招待宾客的?还是用来炫耀它的外表,愚弄傻子、瞎子的呢?你这样骗人,实在太过分了!"

【原文】

　　卖者笑曰:"吾业是有年矣,吾赖是以食吾躯。吾售之,人取之,未闻有言,而独不足子所乎?世之为欺者不寡矣,而独我也乎?吾子未之思也。今夫佩虎符、坐皋比者①,洸洸乎干城之具也②,果能授孙、吴之略耶?峨大冠、拖长绅者,昂昂乎庙堂之器也,果能建伊、皋之业耶?盗起而不知御,民困而不知救,吏奸而不知禁,法斁而不知理③,坐糜廪粟而不知耻④。观其坐高堂,骑大马,醉醇醴而饫肥鲜者⑤,孰不巍巍乎可畏、赫赫乎可象也?又何往而不金玉其外、败絮其中也哉?今子是之不察,而以察吾柑!"

【注释】

①虎符:兵符,古代朝廷调兵遣将的凭证。皋比(pí):披在椅子上的虎皮。

②洸洸(guāng):威武的样子。干城:保卫国家。

③斁(dù):败坏。

④糜(mí):耗费。廪粟:国家仓库里的粮食。

⑤醇醴(lǐ):美酒。饫(yù):饱食。肥鲜:油腻味美的食物。

【译文】

卖柑子的人笑着说:"我干这一行已经有很多年了,我就靠这个来养活自己。我卖它,别人买它,从来没有谁有抱怨的话,难道唯独不能满足您的需要吗?世上欺骗人的并不少,难道仅仅只我一个人吗?您没有考虑这些。如今佩戴兵符,坐在虎皮椅上的,威风凛凛,俨然是保卫国家的将才,他们果真能够有孙子、吴起的谋略吗?戴着高帽,拖着长带的人,神气十足,俨然治理国家的能臣,他们果真能建立伊尹、皋陶的功业吗?盗贼兴起而不知道抵御,百姓贫困而不知道解救,官吏奸诈而不知道禁止,法制败坏而不知道治理,坐在那里白白浪费国家的粮食却不感到羞耻。看他们坐在高堂上,骑在大马上,享受醇厚的美酒,饱食鱼肉,有谁不是仪表堂堂,令人敬畏,气宇轩昂?又有谁不是外表像金玉,而腹中是败絮呢？如今你没有看到这些，却来挑剔我的柑子！"

【原文】

予默默无以应。退而思其言，类东方生滑稽之流①。岂其忿世嫉邪者耶？而托于柑以讽耶？

【注释】

①滑（gǔ）稽：口舌敏捷，能言善辩，言语诙谐。

【译文】

我听后默默不语，不知该如何回答。后来我仔细思考他说的话，觉得他像东方朔那类诙谐幽默能言善辩的人。难道他是个愤世嫉俗、仇视邪恶的人，借柑子来讽刺吗？

沧浪亭记

归有光

【原文】

浮图文瑛①,居大云庵,环水,即苏子美沧浪亭地也②。亟求余作《沧浪亭记》,曰:"昔子美之记,记亭之胜也,请子记吾所以为亭者。"

【注释】

①浮图:梵语音译,指佛。这里是指信奉佛事的僧人。文瑛:僧人名号,生平不详。

②苏子美:苏舜卿,字子美,北宋诗人。他曾建沧浪亭,自号沧浪翁。

【译文】

文瑛和尚,居住在大云庵,那里四面环水,就是苏子美建造沧浪亭的地方。文瑛曾多次请我写篇《沧浪亭记》,说:"过去苏子美的《沧浪亭记》,是写亭子的胜景,您就记述我修复这个亭子的缘由吧。"

【原文】

余曰:昔吴越有国时①,广陵王镇吴中②,治南园于子城之西南③,其外戚孙承佑,亦治园于其偏。迨淮海纳土④,此园不废。苏子美始建沧浪亭,最后禅者居之。此沧浪亭为大云庵也。有庵以来二百年,文瑛寻古遗事,复子美之构于荒残灭没之余,此大云庵为沧浪亭也。夫古今之变,朝市改易。尝登姑苏之台,望五湖之渺茫,群山之苍翠,太伯、虞仲之所建⑤,阖闾、夫差之所争⑥,子胥、种、蠡之所经营⑦,今皆无有矣。庵与亭何为者哉?虽然,钱镠因乱攘窃⑧,保有吴、越,国富兵强,垂及四世,诸子姻戚,乘时奢僭,宫馆苑囿,极一时之盛;而子美之亭,乃为释子所钦重如此⑨。可以见士之欲垂名于千载,不与澌然而俱尽者⑩,则有在矣。

【注释】

①吴越:是五代十国之一,辖地包括今浙江、江苏西南、福建东北部地区。

②广陵王:指吴越王钱镠(liú)的儿子钱元瓘(guàn)。吴中:指苏州一带地区。

③子城:附属于大城的小城。这里指内城。

④迨(dài):到,等到。

⑤太伯:周代太王古公亶父的长子。虞仲:古公亶父的次子。传说太王喜爱幼子季历,想立其为王,于是长子太伯、次子虞仲就远避江南,改从当地风俗,成为吴国的开国者。

⑥阖闾(hé lú):春秋时吴国的国王。夫差:阖闾的儿子,于吴国灭亡后自杀。

⑦子胥:姓伍,名员,字子胥,春秋时楚国人。他的父亲伍奢、哥哥伍尚,被楚平王杀害,他投奔到吴国,曾辅助吴王夫差伐越。种、蠡(lǐ):分别指文种、范蠡,都是春秋末年越国大夫,辅助越王灭吴。

⑧钱镠(liú):吴越国的建立者,在位有二十五年。传位四世,后统一于宋王朝。攘(rǎng):窃取。

⑨释子:佛教徒的通称。因出家修行的人,都舍弃了俗姓,以释为姓,又取释迦弟子之意,故称为释子。

⑩澌(sī)然:冰块消融的样子。

【译文】

　　我说:从前吴越建国时,广陵王镇守吴中,曾在内城的西南修建了一个园子,他的外戚孙承佑,也在它的旁边修了园子。到吴越成了宋朝的土地,这些园子还没有荒废。最初苏子美在园中造了沧浪亭,后来一些和尚住在这里,这样沧浪亭就变成了大云庵。大云庵至今已有二百年的历史了,文瑛寻访亭子的遗迹,又在废墟上按原来的样子修复了沧浪亭,这大云庵又变成了沧浪亭。历史在变迁,朝廷和集市也发生了改易。我曾经登上姑苏台,远眺浩渺的五湖,苍翠的群山,那太伯、虞仲建立的国家,阖闾、夫差争夺的对象,子胥、文种、范蠡筹划的事业,如今都已消失了。大云庵和沧浪亭又算得了什么呢?虽然如此,钱镠趁天下动乱,窃据权位,占有吴越,国富兵强,传了四代,他的子孙亲戚,也借着权势大肆挥霍,广建宫馆园林,盛极一时。而子美的沧浪亭,却被和尚如此看重。可见士人要想垂名千载,不同冰块一起迅速消失,是有原因的。

【原文】

　　　　文瑛读书喜诗,与吾徒游,呼之为"沧浪僧"云。

【译文】

　　文瑛喜好读书,尤其是诗,与我们这些人交游,我们称他为"沧浪僧"。

徐文长传

袁宏道

【原文】

　　徐渭,字文长,为山阴诸生①,声名籍甚②。薛公蕙校越时③,奇其才,有国士之目④。然数奇⑤,屡试辄蹶。中丞胡公宗宪闻之,客诸幕。文长每见,则葛衣乌巾,纵谈天下事,胡公大喜。是时公督数边兵,威镇东南,介胄之士,膝语蛇行,不敢举头,而文长以部下一诸生傲之,议者方之刘真长、杜少陵云⑥。会得白鹿,属文长作表,表上,永陵喜⑦。公以是益奇之,一切疏计,皆出其手。文长自负才略,好奇计,谈兵多中,视一世事无可当意者。然竟不偶⑧。

【注释】

　　①山阴:县名,治所在今浙江绍兴。诸生:明、清两代称已入学的生员为诸生。
　　②藉甚:盛大,很多。
　　③薛公蕙:薛蕙,字君采,明正德九年(1514)进士,官至吏部考功郎中。校越:在越州任学官。按,薛蕙于嘉靖二年(1523)免官,至徐渭考中生员的那一年(1539)死去,未担任过浙江的学官。此处疑有误。
　　④有国士之目:被看作杰出人物。国士,国中才能出众的人。
　　⑤数奇(jī):命运坎坷,遭遇不顺。

⑥刘真长：东晋刘惔，字真长，著名清谈家，曾为简文帝宰相。杜少陵：杜甫，在蜀时曾做剑南节度使严武的幕僚。二人都不拘小节。

⑦永陵：明世宗嘉靖皇帝的陵墓。这里用来代指嘉靖皇帝本人。

⑧不偶：不遇。

【译文】

徐渭，字文长，是山阴县生员，名声很大。薛蕙做越州学官时，对他的才华感到震惊，把他看作国家的杰出人才。然而他命运不佳，屡次应试屡次落第。中丞胡宗宪听说后，把他聘作幕僚。文长每次参见胡公，总是身着葛布长衫，头戴乌巾，尽情地谈论天下大事，胡公听后十分赞赏。当时胡公统率着几个地方的军队，威镇东南，部下将士在他面前，总是侧身缓步，跪下回话，不敢仰视，而文长身为帐下一生员，对胡公的态度却如此高傲，好议论的人把他比作刘真长、杜少陵一类人物。恰逢胡公猎得一头白鹿，让文长作贺表。表文奏上后，世宗皇帝很满意。胡公因此更加器重文长，所有疏奏、计簿都交他办理。文长对自己的才能、谋略很自负，好出奇制胜，所谈论的用兵方略往往切中要领，世间的事物没有能入他眼目的，然而却始终没有一展抱负的机会。

【原文】

文长既已不得志于有司①，遂乃放浪曲糵②，恣情山水，走齐、鲁、燕、赵之地，穷览朔漠。其所见山奔海立、沙起云行、雨鸣树偃、幽谷大都、人物鱼鸟，一切可惊可愕之状，一一皆达之于诗。其胸中又有勃然不可磨灭之气，英雄失路、托足无门之悲，故其为诗，如嗔如笑，如水鸣峡，如种出土，如寡妇之夜哭、羁人之寒起③。虽其体格时有卑者，然匠心独出，有王者气，非彼巾帼而事人者所敢望也。文有卓识，气沉而法严，不以模拟损才，不以议论伤格，韩、曾之流亚也④。文长既雅不与

270

时调合,当时所谓骚坛主盟者,文长皆叱而怒之,故其名不出于越,悲夫! 喜作书,笔意奔放如其诗,苍劲中姿媚跃出,欧阳公所谓"妖韶女⑤,老自有余态"者也。间以其余,旁溢为花鸟,皆超逸有致。

【注释】

①有司:主管部门的官员。
②曲糵(niè):酒母,代指酒。
③羁人:旅客。
④韩、曾:唐朝的韩愈、宋朝的曾巩。流亚:同类。
⑤妖韶:美艳。欧阳修《六一诗话》中有评梅尧臣诗的句子:"有如妖韶女,老自有余态。"

【译文】

文长既然在官场上不得志,于是就放浪形骸,肆意狂饮,纵情山水。他游历了齐、鲁、燕、赵之地,又饱览了塞外大漠。他所见的山峦奔腾,海浪壁立,胡沙满天,雷霆千里,雨声大作,树木倒伏,幽静的山谷和繁华的都市,以及奇人异士,怪鱼珍鸟,所有前所未见,一切令人惊愕的自然和人文景观,他都一一化入了诗中。他胸中一直郁结着不可磨灭的奋发精神和英雄无用武之地的悲凉,所以他的诗像发怒,像大笑,像山洪奔流于峡谷,像新芽破土而出,像寡妇在深夜哭泣,像旅人冒寒启程。虽然他诗作的格调,有时比较卑下,但是匠心独运,有超人的气概,不是那种如以色事人的女子一般的媚俗诗作所能望其项背的。他的文章有真知灼见,气象沉着而法度精严,不会因为刻意模仿而损害才气,不会因为滥于议论而妨害格调,如同韩愈、曾巩一类的文章。徐文长一贯不与时俗合调,对当时的所谓文坛领袖,他一概加以愤怒的抨击,所以他的文字没人推重,名气只局限在家乡浙江一带,这实在令人悲哀啊! 文长喜好书法,用笔奔放,有如他的诗,在苍劲豪迈中别具一种妩媚的姿态,跃然纸上,正如欧阳修所谓的"妖艳女人,即使老了还风韵犹存"。文长偶尔把他剩余的精力倾注在花鸟画上,这些画也都超逸有情致。

【原文】

　　卒以疑杀其继室,下狱论死。张太史元汴力解,乃得出。晚年愤益深,佯狂益甚,显者至门,或拒不纳。时携钱至酒肆,呼下隶与饮。或自持斧击破其头,血流被面,头骨皆折,揉之有声。或以利锥锥其两耳,深入寸余,竟不得死。周望言晚岁诗文益奇①,无刻本,集藏于家。余同年有官越者,托以钞录,今未至。余所见者,《徐文长集》《阙编》二种而已。然文长竟以不得志于时,抱愤而卒。

【注释】

　　①周望:陶望龄,字周望,会稽人,万历十七年(1589)进士,授翰林院编修。

【译文】

　　后来,文长因疑忌而误杀他的继室,被捕入狱,被判死刑。经过太史张元汴极力营救,方得出狱。晚年的徐文长对世道愈加愤恨不平,于是有意做出一种更为狂放的样子,达官名士登门拜访,他有时闭门不见。他经常带着钱到酒店,叫下人奴仆和他一起喝酒。他曾拿斧头砍击自己的头颅,血流满面,头骨破碎,用手按揉,碎骨咔咔有声。他还曾用尖利的锥子刺入自己双耳,深入耳中一寸多深,却竟然没有死。陶望龄说文长的诗文到晚年愈加奇异,但没有刻本行世,手稿都藏在家中。我有科举同年在浙江做官,我曾委托他抄录文长的诗文,至今还没有寄来。我所见到的,只有《徐文长集》《阙编》二种而已。但是徐文长终于因为在当时不得志,带着愤恨而死去了。

【原文】

　　石公曰①:先生数奇不已,遂为狂疾;狂疾不已,遂为图圄^②。古今文人牢骚困苦,未有若先生者也。虽然,胡公间世豪杰^③,永陵英主。幕中礼数异等,是胡公知有先生矣;表上,人主悦,是人主知有先生矣。独身未贵耳。先生诗文崛起,一扫近代芜秽之习,百世而下,自有定论,胡为不遇哉?梅客生尝寄予书曰^④:"文长吾老友,病奇于人,人奇于诗。"余谓文长无之而不奇者也。无之而不奇,斯无之而不奇也。悲夫!

【注释】

①石公:作者自称。袁宏道号石公。

②囹圄(líng yǔ):监狱。

③间世:形容不常有的。

④梅客生:梅国桢,字客生,万历十一年(1583)进士,官至兵部右侍郎。是徐渭的朋友。

【译文】

我说:徐文长先生的命途多舛,坎坷不断,致使他得了疯病;疯病一直不愈,又导致他身陷牢狱。从古至今文人的牢骚怨愤和困难苦痛,再没有谁能超过徐文长先生的了。尽管如此,胡公是绝代的豪杰,世宗是英明的帝王。徐文长先生在胡公幕中受到特殊礼遇,这说明胡公认识到了他的价值;他的上奏表文博得皇帝的欢心,这表明皇帝也认识到了他的价值。只是他未能在官场显达而已。先生诗文的崛起,可以一扫近代文坛杂乱、污秽的风气,将来自会有定论,又怎么能说他不走运呢?梅客生曾经写信给我说:"文长是我的老朋友,他的病比他的人奇特,他的人比他的诗奇特。"我则认为文长没有一处不是怪异奇特的。正因为他没有一处不怪异奇特,所以也就注定他一生命运没有一处不艰难坎坷。真叫人悲哀呀!

五人墓碑记

张 溥

【原文】

五人者,盖当蓼洲周公之被逮①,激于义而死焉者也。至于今,郡之贤士大夫请于当道②,即除魏阉废祠之址以葬之③,且立石于其墓之门,以旌其所为。呜呼!亦盛矣哉!

【注释】

①蓼(liǎo)洲周公:周顺昌,字景文,号蓼洲,吴县(今江苏苏州)人。万历年间进士,曾官福州推官、吏部主事、文选员外郎等职,因不满朝政,辞职归家。后因得罪魏忠贤被捕遇害。崇祯年间昭雪,谥忠介。

②郡:指吴郡。当道:当权的人。

③除:清除,整理。魏阉:对魏忠贤的贬称。魏忠贤专权时,其党羽在各地为他建立生祠,事败后,这些祠堂均被废弃。

【译文】

这墓中的五个人,是当周蓼洲先生被阉党逮捕时,激于义愤而死的。到现在,吴郡贤德的士大夫向当权者请示,将魏忠贤生祠的旧址清理后安葬他们,并且在他们的墓门立碑,来表彰他们的事迹。啊,也是隆重极了呀!

【原文】

夫五人之死,去今之墓而葬焉,其为时止十有一月耳。夫十有一月之中,凡富贵之子,慷慨得志之徒,其疾病而死,死而湮没不足道者,亦已众矣。况草野之无闻者欤!独五人之皦皦①,何也?

【注释】

①皦皦(jiǎo):光洁,明亮。这里指光荣显耀。

【译文】

这五人的牺牲,距离现在修墓安葬他们,为时不过十一个月罢了。在这十一个月当中,那些富贵人家的子弟和志得意满、官运亨通的人,他们中患病而死、死后埋没不足称道的,太多了。何况是民间的没有声名的人呢?唯独这五人死后名声显耀,这是什么缘故呢?

【原文】

予犹记周公之被逮,在丁卯三月之望①。吾社之行为士先者,为之声义,敛资财以送其行,哭声震动天地。缇骑按剑而前②,问:"谁为哀者?"众不能堪,抶而仆之③。是时以大中丞抚吴者④,为魏之私人⑤,周公之逮所由使也。吴之民方痛心焉,于是乘其厉声以呵,则噪而相逐,中丞匿于溷藩以免⑥。既而以吴民之乱请于朝,按诛五人,曰:颜佩韦、杨念如、马杰、沈扬、周文元,即今之傫然在墓者也⑦。

【注释】

①丁卯三月之望:明熹宗天启七年(1627)阴历三月十五日。望,阴历每月十五日。

②缇骑(tí jì):穿橘红色衣服的朝廷护卫马队。这里指明朝锦衣卫、

东厂派出抓人的捕役。

③扶(chì):击。

④大中丞:官职名。抚吴:做吴地的巡抚。

⑤魏之私人:魏忠贤的党徒。此人即毛一鹭。

⑥溷(hùn)藩:厕所。

⑦傫(lěi)然:重叠相连的样子。

【译文】

我还记得周公被逮捕,是在丁卯年三月十五日。我们社里那些品德可作读书人表率的人替他伸张正义,募集钱财为他送行,哭声震动天地。阉党爪牙捕役按着剑把上前喝问道:"谁在为他哭?"大家再也不能忍受,就把他们打倒在地。当时以大中丞官衔任苏州巡抚的毛一鹭是魏阉的心腹,周公被捕就是他主使的。苏州的老百姓正对他痛恨到极点,于是趁他严厉地高声呵斥的时候,就呼叫着追击他。毛一鹭躲到厕所里才逃脱了。之后就以苏州老百姓暴动的罪名向朝廷诬告请示,追究这件事,处死了五人,他们是:颜佩韦、杨念如、马杰、沈扬、周文元,就是现在挨在一起埋在坟墓里的五个人。

【原文】

然五人之当刑也,意气扬扬,呼中丞之名而詈之①,谈笑以死。断头置城上,颜色不少变。有贤士大夫发五十金,买五人之脰而函之②,卒与尸合。故今之墓中,全乎为五人也。

【注释】

①詈(lì):骂。

②脰(dòu):颈项,头颅。函:匣子。这里作动词,意为把头颅装在木匣里。

【译文】

　　这五个人临刑的时候,神情慷慨自若,喊着中丞的名字骂他,谈笑着死去了。砍下的头挂在城墙上,脸色一点也没改变。有贤德的士大夫拿出五十两银子,买下五个人的头并用木匣装起来,最终与尸体合到了一起。所以现在墓中,是五个人完整的遗体。

【原文】

　　嗟夫!大阉之乱①,缙绅而能不易其志者②,四海之大,有几人欤?而五人生于编伍之间③,素不闻《诗》《书》之训,激昂大义,蹈死不顾,亦曷故哉④?且矫诏纷出⑤,钩党之捕⑥,遍于天下,卒以吾郡之发愤一击,不敢复有株治。大阉亦逡巡畏义,非常之谋,难于猝发。待圣人之出⑦,而投缳道路⑧,不可谓非五人之力也。

【注释】

①大阉:指魏忠贤。
②缙绅:古代称官僚为缙绅。
③编伍:平民。明代户口编制以五户为一"伍"。
④曷:何。
⑤矫诏:假托皇帝名义的命令。
⑥钩党之捕:这里指搜捕东林党人。钩党,相互牵引勾连为同党。
⑦圣人:指崇祯皇帝朱由检。
⑧投缳(huán):上吊。

【译文】

　　唉!当魏忠贤作乱的时候,做官的人能够不改变自己志节的,天下之大,能有几个人呢?但这五个人生于民间,从来没受过学校的教诲,却能被国家大义所激励,踏上死地也不回头,又是什么缘故呢?况且当时假托皇帝名义的诏书纷纷传出,追捕同党的人遍布全国,终于因为我们苏州百姓的发愤抗击,使阉党不敢再株连治罪。魏忠贤也迟疑不决,畏惧正义,篡夺帝位的阴谋难于立刻发动。到了当今圣明的皇上即位,魏忠贤就在放逐的路上上吊自杀了,不能不说是这五个人的功劳呀。

【原文】

　　由是观之,则今之高爵显位,一旦抵罪①,或脱身以逃,不能容于远近,而又有剪发杜门②,佯狂不知所之者。其辱人贱行,视五人之死,轻重固何如哉?是以蓼洲周公,忠义暴于朝廷,赠谥美显,荣于身后;而五人亦得以加其土封③,列其姓名于大堤之上。凡四方之士,无有不过而拜且泣者,斯固百世之遇也!不然,令五人者保其首领,以老于户牖之下④,则尽其天年,人皆得以隶使之,安能屈豪杰之流,扼腕墓道,发其志士之悲哉?故予与同社诸君子,哀斯墓之徒有其石也,而为之记,亦以明死生之大,匹夫之有重于社稷也。

　　贤士大夫者,冏卿因之吴公、太史文起文公、孟长姚公也⑤。

【注释】

①抵罪:根据罪行加以惩罚。

②杜门:闭门不出。

③土封:坟墓。

④户牖:指家里。户,门。牖,窗子。

⑤冏(jiǒng)卿:太仆卿,官职名。因之吴公:吴默,字因之。太史:指翰林院修撰。文起文公:文震孟,字文起。

【译文】

　　由此看来,如今那些高官显贵们,一旦犯罪受罚,有的脱身逃走,却无处可以容身;也有的剃发为僧,闭门不出,假装疯狂不知逃到何处的。他们那可耻的人格,卑贱的行为,与这五个人相比,轻重的差别到底怎么样呢?因此周蓼洲先生的忠义显露在朝廷,赠给他的谥号美好而光荣,在死后享受到荣耀。而这五个人也能够修建一座大坟墓,在大堤之上立碑刻名。所有来自四方的过路人经过这里没有不下拜、流泪的,这实在是百代难得的际遇啊。不这样的话,假使让这五个人保全性命,在家中一直生活到老,尽享天年,人人都能够像奴仆一样使唤他们,又怎么能让豪杰们屈身下拜,在墓道上为他们扼腕叹息,抒发有志之士的悲壮情怀呢?所以我和我们同社的诸位先生,惋惜这墓前空有一块石碑,就为它作了这篇碑记,也用以说明死生意义的重大,即使一个普通老百姓对于国家也有重要的作用啊。

　　几位贤德的士大夫是:太仆卿吴公因之、太史文公文起和姚公孟长。

"崇文国学经典"书目

诗经	古诗十九首 汉乐府选
周易	世说新语
道德经	茶经
左传	资治通鉴
论语	容斋随笔
孟子	了凡四训
大学 中庸	徐霞客游记
庄子	菜根谭
孙子兵法	小窗幽记
吕氏春秋	古文观止
山海经	浮生六记
史记	三字经 百家姓 千字文 弟子规
楚辞	声律启蒙 笠翁对韵
黄帝内经	格言联璧
三国志	围炉夜话